DUBROVNIK · LA VILLE DE L'ART ET DE LA CULTURE

D1079797

DUBROVNIK
LA VILLE DE L'ART ET DE LA CULTURE

Texte, rédaction et conception graphique
ANTUN TRAVIRKA

Photographies
MLADEN RADOLOVIĆ
ANDRIJA CARLI
ŽIVKO ŠOKOTA
KREŠIMIR TADIĆ

Rédactrice en chef
ĐURĐICA ŠOKOTA

Pour les éditeur
ŽIVKO ŠOKOTA

Traduction
BLAŽENKA BUBANJ

© FORUM - ZADAR, 2008.

ISBN 978-953-179-506-7

CIP zapis dostupan u računalnom katalogu
Nacionalne i sveučilišne knjižnice u Zagrebu
pod brojem 657652

DUBROVNIK

LA VILLE DE L'ART ET DE LA CULTURE

ANTUN TRAVIRKA

FORUM

Dubrovnik est une ville portuaire sur la côte croate de la mer Adriatique. Selon le dernier recensement, de 1991, la ville compte 49 728 habitants et est le centre économique, culturel et de l'enseignement de la Dalmatie méridionale. C'est également le siège administratif du département de Dubrovnik-et-Neretva qui embrasse la zone de l'embouchure de la Neretva et une bande de côte très étroite séparée de l'arrière-pays par le massif des montagnes de la Dinara. Ce massif se déploie en trois chaînes parallèles dont la hauteur augmente plus on va vers l'intérieur des terres. Les sommets de ces montagnes constituent la frontière naturelle entre le littoral et l'Herzégo-

vine, ainsi que la frontière climatique et anthropogéographique entre le littoral ragusain et son arrière-pays.

La bande côtière au nord-est de la région est constituée de la péninsule de Pelješac, de l'isthme de Ston et du littoral étroit jusqu'à la Rijeka Dubrovačka. A l'est de la ville s'étend la bande côtière de la Župa Dubrovačka, le long du golfe de Župa et, au sud-est de la ville de Cavtat, s'étend la bande côtière un peu plus large des Konavli. Au sud-est, tout à fait au bout de la région ragusaine, se trouve la limite de la côte croate qui se termine par la péninsule de Prevlaka et le promontoire d'Oštro à l'entrée même des

Vue sur la mer avec les palmiers et les remparts

Bouches de Kotor. Le long de la côte s'aligne toute une série d'îles: à l'ouest l'île de Korčula, puis suivent les îles de Lastovo et de Mljet, et, en face du littoral ragusain, l'archipel d'Elaphites constitué des îles d' Olipa, Jakljan, Šipan, Lopud, Koločep, Daksa et Lokrum; cette dernière se trouve à proximité de la ville, au sud-est du vieux port ragusain.

Dubrovnik est situé par 42° 40´ de latitude Nord et 18° 5´ de longitude Est et c'est la ville la plus au sud de la Croatie. Dubrovnik et ses environs bénéficient d'un climat méditerranéen exceptionnel: les hivers sont très doux et les étés bien ensoleillés avec très peu de pluie. La température moyenne annuelle est dans les 17° C; la température moyenne en hiver est dans les 10° C, et en été dans les 26° C. Au nord la ville est protégée de la bise par le mont de Srđ, et au sud, l'île de Lokrum la protège des rafales du sirocco. En été, à Dubrovnik, comme sur toute la côte croate de l'Adriatique, c'est un vent d'ouest, le maestral, qui raffraîchit la température. C'est principalement en hiver que les pluies tombent, et la neige y est rarissime. La température moyenne de la mer en été est supérieure à 21° C.

Toutes ces caractéristiques climatiques stimulent la végétation proprement méditerranéenne, qui est particulièrement variée et exubérante sur le littoral. Mais cette exubérance est certainement aussi le résultat du travail de l'homme qui pendant des siècles a cultivé, labouré et reboisé son envi-

ronnement naturel. C'est justement l'union de cette exubérance naturelle et du travail humain pendant des siècles qui a rendu cette région particulièrement riche et belle. A part la flore méditerranéenne autochtone, le pays abonde également en plantes subtropicales et continentales qu'on cultive dans les nombreux jardins et arboretums des villas ragusaines, tant sur le littoral que dans les îles voisines. Et ce sont les plantations d'orangers et de citronniers ainsi que les agaves et toute une variété de palmiers qui donnent à cette région un charme particulier. Nous devons aujourd'hui cette multiplicité et cette variété de végétation exotique dans la région aux nombreux navigateurs qui rapportaient, au fil des siècles, des plantes et des arbres tropicaux et subtropicaux de leurs voyages lointains. Dans les environs immédiats de la ville, aussi bien dans les quartiers résidentiels autour de la vieille ville que dans les zones plus éloignées (Trsteno, Lopud, Lapad, Lokrum, Cavtat), on cultive toutes sortes de plantes à fleurs dans des jardins bien soignés et sur les surfaces d'horticulture, ce qui donne une impression très agréable dès les premiers jours du printemps jusqu'à tard à l'automne.

La géomorphologie exceptionnellement variée de la région ragusaine - une côte rocheuse et abrupte, des plages de sable, des criques profondes, de petits champs fertiles, de hautes montagnes qui à certains endroits descendent jusqu'à la mer même, de nombreuses îles, des îlots inhabités, des rochers, l'exubérance de la végétation et la limpidité cristalline de l'étendue de mer - rend ce pays infiniment attractif. On dirait que la main de l'homme et la nature y ont agi ensemble en mêlant beautés naturelles, ensembles architecturaux et surfaces d'horticulture. Le résultat de cette union heureuse est un des coins les plus impressionnants et les plus magnifiques non seulement de la côte croate de l'Adriatique mais c'est également un des oasis les plus soignés de la Méditerranée.

A l'exception de la région de l'embouchure de la Neretva et de l'île de Korčula, le territoire de l'actuel département de Dubrovnik-et-Neretva coïncide avec le territoire de la République de Dubrovnik qui était, avec ses 1375 km², un des plus petits mais aussi un des plus importants Etats maritimes de la Méditerranée. La République de Dubrovnik a joué un rôle très important, particulièrement du XIVe au XVIIe siècle, dans la liaison des voies commerciales orientales avec l'Occident dans la mer Adriatique, mais également dans la partie est et centrale de la Méditerranée. Le noyau de cet Etat, ou plutôt de cette Ville-Etat, était Dubrovnik même.

La ville de Dubrovnik s'est développée dans un lieu bien significatif. En face de la ville se trouve la petite île de Lokrum, la dernière de l'archipel d'Elaphites. Au sud-est de la ville c'est le large qui par le canal d'Otrante mène dans la Méditerranée. Au nord-ouest, le long de la côte, c'est toute une suite d'îles et d'îlots qui forment des bras bien protégés et propices ŕ la navigation, surtout ŕ la navigation de voiliers. Les montagnes du massif de la Dinara ne sont plus très élevées ŕ proximité de Dubrovnik, ainsi les caravanes pouvaient passer par les cols vers l'arrière-pays. La ville née dans un endroit pareil était prédestinée ŕ la navigation et au commerce.

La fondation de la ville de Dubrovnik remonte ŕ un passé relativement lointain et elle est - comme c'est le cas des maintes vieilles villes méditerranéennes - enveloppée des voiles de bien des légendes. Parmi plusieurs d'entre elles, historiquement la plus plausible et la plus fondée est celle qui lie la naissance de Dubrovnik ŕ la chute et ŕ la destruction de la ville romaine d'Epidaure (aujourd'hui Cavtat), au VIIe siècle. Epidaure était une très vieille ville antique fondée probablement comme colonie grecque. A l'époque romaine, c'était une grande ville et un emporium maritime et commercial d'une grande importance. Elle aurait été gravement endommagée par un tremblement de terre (une partie de la ville aurait disparu sous la mer) sans pour autant cesser d'ętre un centre important. La ville est męme mentionnée comme le sičge de l'évęché. En 614, Epidaure ayant été détruit et occupé par les Slaves et les Avares, ses habitants se réfugičrent soit dans les environs boisés, soit sur l'îlot rocheux de Laus. Laus ou lave signifie en grec rocher, alors que labes désignent en latin une déclivité, un précipice, ce qui fait penser que cet îlot avait du côté du large un littoral escarpé, une falaise. L'îlot était séparé de la terre ferme par un bras très étroit, de sorte que l'endroit était bien protégé des deux côtés, côté mer et côté continent. Avant l'arrivée des rescapés, l'îlot était déjŕ habité et ils ne firent qu'augmenter le nombre des habitants. Cette hypothčse est confirmée par les fouilles archéologiques récentes qui ont mis ŕ jour la plus ancienne cathédrale ragusaine remontant au VIIe siècle. Le sort d'Epidaure et la fondation de Dubrovnik rappellent l'histoire de la fondation des villes de Venise et de Split. Ainsi Venise fut fondée grâce aux descendants des réfugiés d'Aquilée, qui, fuyant les Huns d'Attila, se sauvčrent dans les lagunes marécageuses. Quant ŕ Split, la ville fut fondée au VIIe siècle après la destruction de Salone par les Slaves et les Avares, dont les réfugiés se retirčrent dans le palais de l'empereur romain Dioclétien. La ville qui se forma sur l'îlot de Laus prit le nom de la localité y existant déjŕ, Rausa, Ragusa ou Ragusium. Il est évident qu'au IXe siècle c'était déjŕ une communauté urbaine très bien organisée avec un systčme de remparts bien en place parce qu'elle réussit ŕ résister au sičge des Sarrasins pendant quinze mois. Dubrovnik fut soutenu dans cette défense par les navires byzantins, étant donné que du VIIe au XIIe siècle la ville se développa sous la domination de la Byzance. Durant cette période, ŕ Dubrovnik, comme dans d'autres villes du littoral sous cette domination, se manifesta avec le temps la tendance ŕ consolider l'administration locale autonome, ce qui devait accélérer le développement du commerce et d'autres activités s'y rattachant.

Entre-temps, sur la terre ferme, en face de la localité de Ragusium, se développe une ville croate, qui doit son nom, Dubrovnik, probablement au mot dubrava qui désigne une forêt de chênes méditerranéens. Avec le temps, les liens entre les deux agglomérations voisines se développèrent de plus en plus d'où résulta le brassage de la population croate et de celle d'origine lati-

Des remparts de Dubrovnik, vue sur l'île de Lokrum et sur le golfe de la Župa Dubrovačka

ne. Le bras séparant l'îlot du continent devenait au cours des Xe et XIe siècles de moins en moins profond à cause des dépôts alluviaux, pour finir par être complètement comblé à la fin du XIe siècle. A l'emplacement de ce bras se trouve aujourd'hui la Placa ou le Stradun - la rue la plus large et la plus célèbre de la ville. C'est au XIIe siècle que les deux agglomérations se fusionnèrent complètement et qu'elles furent protégées par une seule muraille qui, au XIIIe siècle, ceignit également les faubourgs du nord; ensuite se fit la régulation des voies citadines et Dubrovnik fut intégré dans l'enceinte existant encore aujourd'hui. Le nom de Dubrovnik est mentionné pour la première fois dans les documents du ban bosniaque Kulin, en 1189. Ces documents attestent les privilèges accordés aux habitants de la ville de Dubrovnik pour exercer un commerce libre. Son nom est mentionné également dans les annales du pope de la Duklja, au XIIe siècle. La population latine de l'îlot de Laus était isolée au sein de la population croate plus nombreuse, qui s'assimila très vite et devint ainsi dominante. Cette assimilation se produisit beaucoup plus tôt et de loin plus intensivement que dans d'autres villes dalmates appartenant au cercle byzantin. Au XIVe siècle la ville fut entièrement croatisée et ce fait sera décisif pour l'épanouissement des activités littéraires en langue croate dans la ville de Dubrovnik.

En 1032, Dubrovnik participe avec sa flotte aux combats de l'Empire Byzantin contre les Arabes. En 1153, l'écrivain arabe Al-Idrisi mentionne Dubrovnik comme la ville croate la plus au sud du territoire croate, ville avec une flotte importante dont les bateaux partaient pour de lointains voyages. Les villes de Dubrovnik et de Pise concluent en 1169 un traité de commerce maritime en Méditerranée, de Pise à Constantinople. Jusqu'à la fin du XIIe siècle, Dubrovnik signe des accords avec de nombreuses villes adriatiques: Ravenne, Molfetta, Ancône, Fano, Monopoli, Bari, Termoli, Rovinj et Kotor. Dubrovnik signa également des traités et accords de commerce et

de courtage avec ses voisins continentaux, la Bosnie et la Serbie, s'assurant ainsi le statut de principal comptoir commercial pour ces pays balkaniques.

Au XIIe siècle Dubrovnik a à la tête de son gouvernement un recteur élu par les citoyens eux-mêmes. D'ailleurs leur rôle est très important en ce qui concerne toutes les décisions essentielles pour le fonciconnement et le développement de la ville. C'est à cette époque-là que se produit le clivage de la société ragusaine: il se distingue une classe de nobles possédant des terres. Petit à petit cette classe de nobles assume toutes les fonctions administratives de la ville et bientôt elle commence à se transformer en une république typiquement aristocratique pour la Méditerranée. Grâce à sa flotte et à son commerce de mieux en mieux organisé, Dubrovnik rivalise de plus en plus avec Venise qui essaiera, avec tous les moyens possibles, de refréner ce concurrent toujours plus dangereux.

En 1205, Dubrovnik se trouva sous la domination directe de Venise, une domination qui durera 150 ans et qui laissera des traces considérables dans l'organisation sociale de la ville. Durant cette domination, les Ragusains se virent obligés d'accepter la nomination d'un recteur et d'un évêque vénitiens; en outre, le gouvernement de Venise nommait directement les membres du Conseil Majeur. Pendant toute cette période Venise essaya également, par tous les moyens possibles, d'établir une domination complète sur la ville. Au cours du XIIIe siècle Dubrovnik réussit à plusieurs reprises à se soustraire à l'emprise vénitienne. Malgré un ralentissement du développement de la ville, les Vénitiens ne réussirent jamais à dominer complètement le commerce ragusain. Au XIIIe siècle les Ragusains, tout en ayant conclu de nombreux accords avec des villes croates et italiennes de la côte, commencent à prendre des contacts commerciaux avec l'Epire et l'Albanie et réussissent également à étendre leurs activités commerciales jusqu'aux comptoirs en Syrie et sur la côte de l'Afrique du Nord. Un commerce aussi intense draine à Dubrovnik de nombreux étrangers et navires et il se voit même contraint à affréter des navires battant pavillons étrangers pour venir à bout de toutes les opérations commerciales de plus en plus multiples. Mais malgré un essor aussi considérable du commerce maritime sous la domination vénitienne, Dubrovnik tient beaucoup plus, durant cette période, à ses liens commerciaux avec les pays balkaniques.

En 1252, Dubrovnik s'approprie l'île de Lastovo, en 1333, la péninsule de Pelješac, et en 1345, l'île de Mljet.

Par le Traité de Paix de Zadar en 1358, Dubrovnik se libéra de la domination de Venise qui dut renoncer à ses possessions sur la côte est de l'Adriatique. A partir de cette année-là Dubrovnik reconnaît le pouvoir des rois croato-hongrois, ce qui exercera une influence capitale sur le développement de la ville. Les rois croato-hongrois ne s'ingéraient ni dans les affaires concernant l'administration et le gouvernement, ni dans les affaires commerciales et maritimes de la ville, ce qui aboutit à une émancipation complète aussi bien qu'à la formation d'une république aristocratique indépendante et souveraine. Ainsi l'appellation COMMUNITAS RAGUSINA (Communauté de Dubrovnik) fut changée en RESPUBLICA RAGUSINA (République de Dubrovnik). En 1399 la République de Dubrovnik étendit son territoire sur le littoral de Ston à Orašac, puis, en 1419 et en 1427, elle acquit ses limites définitives en annexant les Konavle et Cavtat. Mais des troubles de plus en plus fréquents, ainsi qu'une situation extrêmement incertaine dans les Balkans, poussent Dubrovnik à s'orienter de plus en plus vers le commerce maritime. Venise retire ses navires des affaires communes ce qui a pour conséquence de mettre en branle la construction navale, et très vite, Dubrovnik se reposera presque complètement sur sa propre flotte. Aux XIVe et XVe siècles, le commerce ragusain s'étend jusqu'en Egypte et Syrie, puis jusqu'à la Sicile mais également sur les ports aragonais en Espagne et sur la France. Au XVe siècle, c'est la Turquie, devenue une grande puissance, qui s'impose dans la Méditerranée et Dubrovnik établit avec elle d'excellents rapports commerciaux tout en lui payant un tribut pour conserver sa liberté de commerce.

Après la bataille de Mohács en 1526, qui voit la défaite de l'armée croato-hongroise par les Turcs, Dubrovnik cesse de payer un tribut au roi croato-hongrois et par conséquent la domination croato-hongroise sur Dubrovnik s'éteint. Dubrovnik maintient avec la Turquie d'excellents rapports. Les Turcs non plus ne s'ingéraient pas dans la politique intérieure de Dubrovnik mais - le tribut régulier mis à part - ils exigeaient bien d'autres dons, compensations, concessions et gabelles.

Le relief d'un semi-chapiteau du palais des Recteurs

La villa Sorkočević en Rijeka Dubrovačka

Dans les siècles de son âge d'or, Dubrovnik représente politiquement une république typiquement aristocratique. Tout le pouvoir était concentré entre les mains des nobles. La classe des nobles est déjà complètement formée dans la première moitié du XIVe siècle. La population de la ville est divisée en patriciens, "citoyens parfaits" et plébéiens. Ce sont les patriciens qui ont accès exclusivement au pouvoir et c'est justement grâce à leur pouvoir qu'ils réussissent à contrôler les biens fonciers de la République. Le nombre de patriciens augmentait constamment de sorte qu'au XVIe siècle ils étaient déjà 1500. Les familles patriciennes les plus puissantes formaient un groupe oligarchique qui exerçait une influence prépondérante sur la politique et les affaires de la République. Les soi-disant "citoyens parfaits" représentaient une mince couche de marchands richissimes qui, par leur pouvoir financier, étaient les égaux des patriciens, mais, par contre, n'avaient aucun droit de participer aux affaires du gouvernement. La couche d'habitants la plus nombreuse était représentée par de petits marchands, des artisans, des ouvriers dans des ateliers d'artisanats, des domestiques et des navigateurs.

A la moitié du XVIe siècle Dubrovnik comptait 4 000 navigateurs. Les lois de la République défendaient aux navigateurs de s'embarquer sur des navires étrangers. Quant à la campagne, les différences sociales existaient également: il y avait des serfs, des métayers et même des paysans affranchis dans l'île de Lastovo. Bien que la République eût un besoin pressant de marins, elle limitait l'admission de paysans dans la marine pour que l'agriculture ne fûût pas négligée.

La communauté juive y existant jouissait d'un statut spécial. Elle traitait particulièrement les affaires financières et commerciales mais également présentait un nombre considérable de médecins. Les Juifs vivaient dans leur ghetto mais assez librement. La République leur permettait de célébrer leurs rites à la synagogue, le seul temple hétérodoxe sur tout le territoire de l'Etat. Comme la société ragusaine prospérait et vivait dans une aisance relative, la classe aristocratique gouvernait en général sans répressions majeures. A la tête de la République de Dubrovnik se trouvaient trois conseils et un recteur qui était élu pour une durée d'un mois et qui jouissait des mêmes droits que les autres membres. Le Conseil Majeur était composé de tous les hommes majeurs des familles patriciennes. C'était le Conseil Majeur qui élisait les membres du Sénat et du Conseil Mineur. Le Sénat avait le pouvoir effectif. Jusqu'en 1491 il comptait 51 membres et plus tard 61 membres. Le Conseil Mineur représentait le pouvoir exécutif et il était l'organe du Sénat et du Conseil Majeur. La durée du mandat de tous les organes d'Etat était d'un an. L'appareil législatif était sous le contrôle du Sénat et du Conseil Mineur. Toutes les fonctions prestigieuses dans l'administration et la législation étaient entre les mains des patriciens, alors que les citoyens et les plébéiens exerçaient des fonctions insignifiantes. Mais il y avait quelques exceptions dans les fonctions diplomatiques et consulaires. Le territoire entier de la République avait été divisé en 12 unités administratives.

A l'âge d'or de la République de Dubrovnik, ses richesses se basaient sur la production développée et le transfert de l'argent et du plomb des mines bosniaques et serbes dans les pays prestigieux d'Europe qui avaient un grand besoin de ces métaux. Les Ragusains avaient concentré un très important commerce de minerai entre leurs mains. Ils prenaient en affermage ou étaient même propriétaires des mines et organisaient l'extraction et le transport des métaux jusqu'à leur port et puis de là, par voie maritime à Florence, à Venise, en Espagne et en France. En vue d'un fonctionnement plus efficace de ces activités économiques importantes, les Ragusains avaient implanté toute une série de colonies aux carrefours des routes de caravanes. Mais l'effondrement définitif de la Serbie et de la Bosnie sous les assauts des Turcs met fin à cette importante activité économique. Ce fut pareil avec la production de textile. Les profits du commerce de l'argent permirent l'acquisition d'une très bonne laine de Catalogne dont on fabriquait, dans de nombreux ateliers et teintureries à Pile, en Rijeka Dubrovačka et en Župa Dubrovačka, une étoffe d'une grande qualité qui pouvait faire concurrence à la marchandise du marché européen. Mais à cause des conquêtes turques, il était impossible de se procurer des matières premières d'importation et

La fontaine Neptune dans le jardin de la villa Gučetić à Trsteno

de plus, au vu de la menace turque, on décida en 1463 de détruire tous les ateliers hors de la ville, de sorte que cette activité s'éteignit pratiquement.

La production et l'exportation de sel était un des facteurs les plus déterminants de la prospérité économique de Dubrovnik qui avait maintenu le monopole du sel sur le territoire allant de la Neretva jusqu'au Drim, rendant ainsi les pays balkaniques dépendants de la République. Quant aux produits artisanaux, ils étaient principalement destinés aux besoins du pays; il existait juste un commerce minime de produits d'orfèvrerie et de cuir. Le commerce, la navigation et la construction navale étaient les principales activités de la République après la conquête des pays balkaniques par les Turcs. La construction navale ragusaine jouissait d'un grand renom et la notion de construction de bateau à la ragusaine signifiait une construction

*Couvent des Dominicains, Dubrovnik, détail du triptyque,
par Nikola Božidarević, XVIe siècle*

simple, solide et durable. Dès la moitié du XVIe siècle, Dubrovnik possédait plus de 180 grands bateaux d'une portée de 36 000 charrettes estimés à
700 000 ducats. Les activités financières et les assurances maritimes assu-
raient de considérables profits. Dubrovnik adopta encore en 1568 une loi
sur les assurances maritimes. Les navires ragusains naviguaient jusqu'en
Angleterre et les nouvelles voies maritimes autour de l'Afrique jusqu'en Inde
perturbèrent le commerce d'épices à travers les pays du Proche-Orient.

Comme les autres puissances commerciales méditerranéennes, Dubrovnik souffrit de plus en plus de la récession, conséquence de la découverte
de l'Amérique ainsi que des nouvelles routes maritimes pour l'Asie. Mais

les commerçants ragusains savaient y remédier et trouver des moyens pour
affronter ces nouvelles difficultés. Ainsi Vice Bune, navigateur ragusain, à
la fin du XVIe siècle naviguait au service des Espagnols en Inde, où, dans
le port de Gôa, il avait investi une partie de son capital. Malgré la récession,
le commerce ragusain prospérait et s'étendait dans de nombreux pays ce qui

confirme la source selon laquelle à la fin du XVIIIe siècle la République de Dubrovnik avait des consulats dans plus de 80 villes, parmi lesquelles Lisbonne, Madrid, Gibraltar, Malaga, Tanger, Barcelone, Marseille, Nice, Majorque, Tunis, Tripoli, Gênes, Livorne, Venise, Pesaro, Ancône, Naples, Palerme, Malte, Alger, Brindisi, Taranto, Trieste, Dürres, Vlona, Corfou, Salonique, Varna, Smyrne, Rhôdes, Shkodar, Constantinople, Lattaquié, Alexandrie, et bien d'autres. A cette époque-là la flotte ragusaine comptait, avec les bateaux de pêche, 673 voiliers dont 255, les plus grands, naviguaient hors des eaux territoriales ragusaines. Il y avait également environ 230 voiliers naviguant outre-atlantique. Ces données démontrent bien l'importance, la grandeur et la puissance du commerce et de la navigation de la République de Dubrovnik même à l'époque de son déclin. A son apogée, la flotte de commerce ragusaine avait égalé la flotte vénitienne, mais était quand même très inférieure à la flotte hollandaise.

Saint-Julien, détail du polyptyque représentant la Vierge à l'enfant par Lovro Dobričević, l'église Sainte-Marie à Dančе, 1465

De longues périodes de paix dans l'histoire de Dubrovnik, ainsi qu'une prospérité relative permirent le développement des arts et de la science. L'esprit de la Renaissance donna l'impulsion à la littérature en particulier. Les premiers à exceller dans ce domaine, au XVe siècle, étaient des poètes écrivant en latin, tels que Karlo Pucić, Jakov Bunić et surtout Ilija Crijević, ce dernier ayant été couronné de laurier à Rome en 1485. Dès le début du XVe siècle on enregistre à Dubrovnik les premiers écrits littéraires en langue croate. En 1421 Džono Kalić écrit des vers en croate et la tradition pétrarquiste donnera naissance à la poésie lyrique en langue croate. Parmi les poètes de la Renaissance il faut surtout citer Džore Držić et Šiško Menčetić. Le premier à écrire pour le théâtre fut Mavro Vetranović, suivi de Nikola Nalješković, auteur de comédies. La moitié du XVIe siècle voit apparaître Marin Držić dont l'oeuvre dramatique par sa pensée profonde, son registre poétique et son esprit universel n'a pas pratiquement d'égal dans la littérature européenne de cette époque-là. On pourrait dire la même chose pour le célèbre poète Ivan Gundulić, qui incarne avec raffinement la littérature baroque ragusaine. Son oeuvre la plus célèbre est un poème épique en vingt chants, Osman; il est également l'auteur des plus beaux vers sur la liberté jamais écrits. Dubrovnik compte aussi, le long de son histoire, de nombreux scientifiques: l'historien Ludoviko Crijević Tuberon, Benko Kotruljić qui en 1573 écrivit un traîté sur le commerce, Nikola Sagrojević qui étudiait les phénomènes du flux et du reflux, Marin Getaldić, le grand mathématicien, physicien et opticien, et,

le plus grand parmi tous - le physicien, le mathématicien et le philosophe Ruđer Bošković, un des esprits les plus brillants de l'époque baroque, dont l'oeuvre présente des idées actuelles encore aujourd'hui.

Aux XVe et XVIe siècles, l'école de peinture de Dubrovnik produisit des peintres de renom qui nous laissèrent de magnifiques réalisations artistiques. Malheureusement le tremblement de terre de 1667 et des incendies détruisirent la plupart de ces oeuvres. Un nombre infime de ses oeuvres se conserva intact jusqu'à nos jours et ces oeuvres témoignent de la qualité et de la créativité de la production picturale à Dubrovnik depuis l'époque gothique jusqu'à la Renaissance. Nous tenons à mentionner ici les peintres Lovro Dobričević, son fils Vicko Dobričević, Mihajlo Hamzić et, particuliè-

Couvent des Dominicains, l'Annonciation, Nikola Božidarević, 1513

rement, le célèbre Nikola Božidarević dont quatre polyptyques bien conservés représentent l'apogée de la peinture Renaissance à Dubrovnik.

L'événement le plus tragique dans l'histoire de la ville de Dubrovnik fut le tremblement de terre catastrophique du 6 avril 1667. Plus de 5 000 habitants trouvèrent la mort sous les décombres. Cette ville, une des plus belles et des plus harmonieuses de la Méditerranée, fut d'abord détruite et puis dévastée par des incendies qui la ravagèrent pendant des jours. Tout le noyau historique de la ville avec sa magnifique cathédrale romane, ses somptueux palais gothiques et Renaissance, ses églises et couvents, fut réduit en ruines. Les navires se trouvant dans le port furent également détruits.

Dubrovnik se remit péniblement et lentement de cette catastrophe. L'aspect de la ville changea complètement. A la place des palais aux façades gothiques et Renaissance si caractéristiques et qui étaient d'une grande vivacité architecturale que l'on avait construits en temps de paix et de prospérité au fil des siècles, on bâtit des maisons baroques relativement modestes, d'aspect régulier et aux dimensions identiques abritant au rez-de-chaussée des boutiques uniformes. Tous les édifices de l'architecture sacrale détruits furent reconstruits dans le style baroque romain. Il n'y a que le palais Sponza qui fut épargné dans ce fatal séisme ainsi qu'une partie de la façade principale du palais des Recteurs. Heureusement, la plupart des fortifications résistèrent plus ou moins bien à la force destructrice du séisme. Malgré toutes ces transformations, Dubrovnik continua d'être, du point de vue architectural, un des plus beaux ensembles urbains en Méditerranée.

La République de Dubrovnik ne s'éteignit pas du fait de sa propre usure historique: c'est Napoléon qui mit fin à son indépendance et par le décret du 31 janvier 1808, la République de Dubrovnik cessa d'exister. Après la chute de Napoléon on espéra que le congrès de Vienne ferait renaître la République de Dubrovnik, mais le pouvoir impérial autrichien ne fut pas d'accord puisqu'il voulait étendre sa domination sur tout le littoral est de l'Adriatique et Dubrovnik fut annexé à l'Autriche. Au sein de l'empire autrichien, Dubrovnik vivotait comme une ville dalmate provinciale tout en ayant quand même certaines activités maritimes. Quant à la société ragusaine, il se produisit une stratification qui mena à la décadence et au dépérissement de la classe des patriciens ce qui fut très bien décrit dans les oeuvres du grand écrivain ragusain Ivo Vojnović. Dans l'entre-deux-guerres, Dubrovnik vécut de son commerce maritime et du tourisme qu'on commença à développer systématiquement.

A partir des années cinquante du XXe siècle, Dubrovnik connaît un accroissement bien rapide du tourisme. On construit de nombreux hôtels de catégories élevées et plus tard des villages touristiques au voisinage immédiat de la ville. La construction de l'aéroport à Čilipi en Konavli a encouragé et accéléré le développement du tourisme. Dans les années quatre-vingts, Dubrovnik était un des lieux touristiques les plus renommés d'Europe: l'union idéale des beautés naturelles, du patrimoine culturel ainsi qu'une riche vie culturelle et toutes sortes de divertissements attiraient des milliers de touristes.

Depuis 1990, Dubrovnik est une des villes les plus importantes de la Croatie indépendante. Mais depuis il traversa également des périodes bien dures et tourmentées. A l'automne 1991, l'armée d'occupation yougoslave conduisit une des campagnes les plus brutales et les plus criminelles contre les habitants civils de la région de Dubrovnik et de la ville même. Pendant plusieurs mois on détruisit, on incendia, on pilla, on anéantit toutes ces beautés que l'homme avait construites au fil des siècles. Après avoir dévasté les Konavli, le littoral ragusain et la Župa Dubrovačka, l'ennemi attaqua violemment la ville même et son patrimoine culturel et artistique. La destruction brutale de Dubrovnik, devant les caméras de télévision, fit comprendre au monde entier quelle guerre terrible se déchaînait au coeur de l'Europe.

Ayant résisté au siège le plus dur de son histoire, Dubrovnik survécut à la terreur. Blessé mais fier, au sein de sa patrie libre, il se reconstruit rapidement et les touristes du monde entier se hâtent de nouveau afin de découvrir la splendeur de ses remparts et de ses palais.

Les remparts

   Ce sont les remparts qui définissent la physionomie historique de la ville de Dubrovnik. Ils s'étendent sur une longueur ininterrompue de 1940 mètres et ceignent la ville d'une façon caractéristique en lui donnant cet aspect bien connu dans le monde entier. Cette construction complexe, un des plus beaux et des plus solides systèmes de fortifications en Méditerranée, est constituée d'une enfilade de bastions, de tours, de fortins, de casemates et de forteresses indépendantes. Construits systématiquement à des temps durs

et dangereux pour la ville et pour la République, les remparts s'élèvent encore aujourd'hui tels qu'ils étaient grâce non seulement au savoir de leurs constructeurs ingénieux et aux soins que les habitants de Dubrovnik leur por-
tèrent au fil des siècles, mais grâce aussi à la diplomatie adroite de la République, mondialement connue, qui sut maintes fois détourner les intentions
ennemies de ses adversaires et de ses rivaux. La ville de Dubrovnik est
entièrement ceinturée de murailles et de fortifications, y compris le vieux

Les remparts vus de la mer

port. L'histoire de la fortification de Dubrovnik remonte loin au moyen âge.
Il est certain que la première agglomération sur l'îlot de Laus était entourée d'une muraille défensive. Le fait que cette ville résista au IXe siècle,
pendant cinq mois, au siège sarrasin, prouve que la ville était bien fortifiée.
La ville commença à s'étendre tout d'abord vers la partie est de l'île, inha-
bitée. Le toponyme actuel Pustijerna, pour la partie sud-est de l'île, le long
du fort Saint-Jean, dérive du latin post terra qui, dans une traduction plus
libre signifie faubourg. Aux IXe et Xe siècles, la muraille défensive cein-
tura également la partie est de la ville. Au XIe siècle le bras de mer séparant l'île du continent (à l'emplacement de l'actuelle Placa) fut comblé et
la ville se fondit avec la localité qui existait déjà sur la côte. Bientôt on construisit une enceinte unique autour de la zone qui correspond au noyau historique de la ville. Au XIIIe siècle la ville entière est ceinturée par la
muraille défensive, excepté le complexe du couvent des Dominicains qui
n'entrera à l'abri des remparts qu'au XIVe siècle. Large en moyenne de 1,5
mètres, la muraille est construite de pierre et de chaux. Au XIVe siècle on
y ajouta 15 tours quadrangulaires en vue d'une meilleure défense. De grands
travaux furent également effectués à la fin du XIVe siècle à l'époque de la
libération définitive de la suprématie de Venise. La menace imminente

ottomane, après la chute de Constantinople en 1453, donna une nouvelle impulsion à la reconstruction et à la rénovation de l'enceinte. C'est grâce aux énormes efforts des citoyens et des patriciens ragusains, ainsi que grâce à l'art et à l'habileté des nombreux constructeurs appelés d'urgence, que le renforcement des fortifications, surtout du côté de l'arrière-pays, et la construction des forts et des bastions semi-circulaires furent achevés en moins de trois ans. On continua la construction et la modernisation de l'enceinte tout au long du XIVe siècle et même plus tard. Les dimensions actuelles de la muraille remontent au XIVe siècle. Les remparts acquièrent leur aspect définitif à l'époque que nous appelons aujourd'hui - et pour cause - l'âge d'or de Dubrovnik, époque qui s'étend depuis la chute de Constantinople jusqu'au tremblement de terre catastrophique de 1667 qui dévasta la ville. Le mur principal est large de 4 à 6 m du côté des terres alors que du côté de la mer il est un peu plus étroit: de 1,5 à 3 m. Il s'élève à certains endroits même à 25 m. Du côté des terres le mur est protégé par un avant-mur oblique plus bas, construit contre les attaques de l'artillerie. L'enceinte, formant

Les remparts du côté des terres dominés par la tour Minčeta

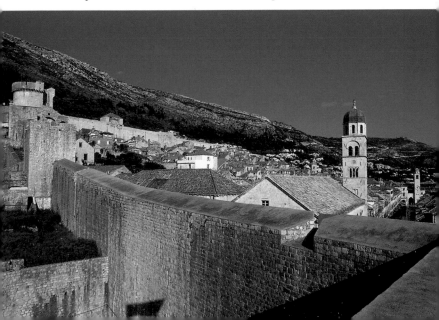

un parallélogramme irrégulier, est renforcée à quatre endroits par des forts très solides. Au nord c'est la tour Minčeta, à l'est le fort Revelin, indépendant, qui protège le port de la ville; au sud-est c'est le grand complexe du fort Saint-Jean et à l'ouest, l'entrée de la ville est protégée par le très beau fort Bokar. La partie ouest de la ville est également protégée du danger venant de la mer et des terres par le grand fort indépendant Lovrijenac. A part ces quatre forts, les plus grands et les plus importants, la muraille de la ville est protégée en plus par deux tours circulaires, 12 tours quadran-

gulaires, cinq bastions et deux fortifications angulaires, alors que l'avant-mur est flanqué d'un grand bastion et de neuf bastions semi-circulaires plus petits. Le long de l'enceinte du côté des terres on creusa un fossé comme défense complémentaire de la ville. Tout ce système de fortification fut doté d'artillerie. Les canons furent fabriqués dans des ateliers de la ville qui firent la renommée de Dubrovnik dans cette partie de l'Europe. Parmi les fondeurs de canon, le plus important et le plus renommé fut Ivan Rabljanin. Au temps des grandes menaces la ville était défendue par plus de 120 canons. La ville communiquait avec le monde extra-muros par deux portes bien fortifiées, l'une à l'est, l'autre à l'ouest. Du côté est on entrait dans la ville par la porte Pile consolidée par un système complexe et multiple. La porte Ploče à l'est était protégée en plus par le fort Revelin. Les deux portes furent construites de telle façon que la communication avec la ville n'était pas directe: celui qui entrait dans la ville devait passer par plusieurs portes et par des passages sinueux ce qui démontre un degré élevé de mesures de sécurité prises en vue d'une attaque innatendue possible ou d'une entrée de visiteurs indésirables. Dans la zone du port, une des plus importantes de cette ville commerciale et maritime, on entrait par deux portes: la porte Ponte et la porte de la Poissonnerie. Le port était protégé des assauts des vagues ou d'une attaque éventuelle venant du large par un brise-lames du nom de Kaše. Aujourd'hui une promenade sur les remparts est une des plus grandes attractions touristiques. C'est justement en faisant le tour des remparts qu'on peut comprendre le mieux la trame du vieux Dubrovnik car, vue de différents endroits, cette ville nous offre toujours de nouvelles images. C'est surtout du haut des remparts que l'on découvre de nombreux détails pittoresques, la disposition des rues et des places, que l'on vit cette ville autrement qu'en s'y promenant. A part les images inoubliables de la ville même, cette promenade vous permettra également d'admirer la vue du large magnifique devant Dubrovnik ainsi qu'une vue panoramique de ses alentours. Il existe actuellement deux accès différents des remparts: à l'est près de la tour de l'Horloge, et à l'ouest près de la porte Pile, à gauche de l'église Saint-Sauveur.

La tour Minčeta

La tour Minčeta est la partie la plus saillante des remparts de la ville du côté des terres. Son appellation dérive du nom de la famille Menčetić sur la propriété de laquelle elle fut construite. Par sa hauteur et par sa masse impressionnante elle domine la partie nord-ouest des remparts et de la ville. Elle fut construite en 1319 par l'architecte ragusain Nicifor Ranjina. C'était au départ une tour quadrangulaire. La chute de Constantinople alerta les Ragusains bien prudents et leur fit comprendre qu'ils devaient prendre des mesures de précaution. Une des premières tâches fut de renforcer justement cette partie saillante des fortifications. La chute de la Bosnie sous la domination turque en 1463 ne fit qu'accélérer les travaux. La République fit appel à Michelozzo di Bartolomeo de Florence, un des architectes les plus éminents d'Europe à qui Dubrovnik doit plusieurs édifices d'une grande importance. Vers la moitié du XVe siècle, Michelozzo travailla sur la reconstruction de Minčeta. Autour de la tour quadrangulaire déjà existante, il construisit une fortification circulaire adaptée aux nouvelles normes guerrières qu'il relia avec le nouveau système de l'avant-mur oblique. L'épaisseur des murs de la nouvelle fortification était de 6 mètres. Les murs étaient percés de canonnières bien protégées. Les travaux furent continués par Juraj Dalmatinac de Zadar, un des plus grands architectes et sculpteurs dalmates. C'est ce dernier qui dressa les plans et construisit la grande tour circulaire, alors que sa crénelure fut exécutée plus tard. La reconstruction de la tour Minčeta fut terminée en 1464. Elle représente le symbole de l'invincibilité de Dubrovnik. Comme la tour Minčeta et la partie la plus élevée des remparts, elle offre une vue inoubliable sur la ville.

Michelozzo di Bartolomeo et Juraj Dalmatinac:
la tour Minčeta, XVe siècle

Les remparts vus de la mer. A gauche le fort Lovrijenac, au milieu le bastion Mrtvo zvono

Le bastion Mrtvo zvono

La partie sud des remparts ragusains est construite sur des rochers escarpés qui tombent à pic dans la mer. Lorsqu'aux XVe et XVIe siècles on fit des travaux de reconstruction et d'agrandissement des remparts, cette partie ne subit pas de grandes transformations. On y construisit pourtant un bastion circulaire à l'endroit le plus exposé de la muraille sud. Le bastion Mrtvo Zvono fut construit au début du XVIe siècle sur les plans de l'architecte ragusain Paskoje Miličević. Ce bastion, doté d'un nombre important de canonnières, situé entre le bastion Bokar et le fort Saint-Jean, occupait une place importante dans la défense de la ville contre des attaques du côté de la mer. Il doit son nom Mrtvo zvono (La Cloche des morts) à la cloche qui sonnait le glas dans la petite église Saint-Pierre se trouvant dans le voisinage du bastion.

Le fort Saint-Jeanet la défense du port

Le fort Saint-Jean, appelé souvent la tour Mulo, est un édifice complexe et monumental au sud-est du vieux port de la ville qui, grâce à sa position dominante, contrôlait et protégeait complètement l'entrée du port. La première fortification y fut construite à la moitié du XIVe siècle mais, au cours des XVe et XVIe siècles, elle fut remaniée et agrandie ce que l'on peut très bien voir sur le triptyque du peintre Nikola Božidarević au couvent des Dominicains. Ce tableau représente saint Blaise, patron de la ville, tenant dans sa main gauche une maquette de Dubrovnik sur laquelle on voit parfaitement les fortifications portuaires. Dans son état actuel, le fort date du XIVe siècle et est, en plus grande partie, l'oeuvre de l'architecte ragusain Paskoje Miličević. C'est d'ailleurs à ses projets de reconstruction des remparts maritimes qu'on doit l'aspect actuel du vieux port. Le fort présente du côté de la mer des murs arrondis et obliques, alors que les murs donnant sur le port sont droits. Ce grand édifice était percé de meurtrières en vue de la défense de la ville. Aujourd'hui le fort est classé monument historique et abrite le Musée de la Marine qui raconte, au moyen de cartes, d'objets divers, de tableaux et de documents, l'histoire de la navigation qui fit la prospérité

Le vieux port et les fort Revelin et Saint-Jean

de la ville. Au rez-de-chaussée du fort, dont les salles monumentales créent une ambiance particulière, se trouve le fameux aquarium. Dans les bassins de tailles différentes, on peut admirer des spécimens de la faune de la mer Adriatique.

De l'autre côté, le vieux port était défendu par la tour Saint-Luc construite au XIVe siècle que l'architecte Paskoje Miličević dota plus tard d'un bastion circulaire. Avant la construction du brise-lames, on fermait l'accès au port, la nuit, par une chaîne, portant des poutres de bois, qu'on tendait entre le fort Saint-Jean et la tour Saint-Luc. En 1484 commença la construction du brise-lames nommé Kaše sur les plans du même architecte. Ce brise-lames protégeait le port des rafales du sirocco et d'éventuelles attaques ennemies venant du large.

Le fort Revelin

A l'époque de la menace turque, après la chute de la Bosnie sous la domination ottomane on construisit en 1462, à l'est de la ville, le fort Revelin, conçu comme une foteresse indépendante pour protéger la porte Ploče du côté des terres intérieures. Le nom du fort dérive du mot rivelino qui dési-gne dans l'architecture de fortifications l'espèce de bastion que l'on construit vis-à-vis de la porte de la ville pour mieux la protéger des attaques ennemies. A l'époque de la première Sainte-Alliance, le danger des attaques de Venise s'accroît et il fallait fortifier d'urgence cette partie de la muraille. La ville fait appel à Antonio Ferramolino, expert en construction de fortification, qui était au service de l'amiral espagnol Dorije, un grand ami de la République de Dubrovnik. En 1538, le Sénat approuve les plans de Ferramolino pour la construction d'un nouveau Revelin beaucoup plus résistant. La construction dura onze ans, et pendant cette période tous les autres travaux de construction furent suspendus pour que ce projet soit réalisé le plus rapidement possible. Le nouveau Revelin devint la fortification la plus solide de la ville, par conséquent l'accès de la ville à l'est, vers les terres, était bien protégé. Ainsi ce fort, dont la base est un quadrilatère irrégulier, descend d'un côté vers la mer alors que les autres murs donnant sur la terre ferme sont protégés par un fossé bien profond. Par un pont de pierre qui enjambe le fossé, le fort est relié d'un côté à la porte Ploče et de l'autre aux faubourgs de la ville. Grâce à sa robustesse, le fort résista au tremblement de terre de 1667. Comme l'intérieur du fort est composé de trois grandes salles voûtées, Revelin devint le siège de l'administration de la République. C'est là que se tenaient les réunions du Conseil. Revelin accueillit également le trésor de l'Etat, celui de la cathédrale, ainsi que tous les objets de valeur sauvés des décombres et des incendies.

En haut du fort s'étend une immense terrasse en pierre, où ont lieu de nombreux spectacles du Festival d'été de Dubrovnik.

Le fort Bokar

Le fort Bokar est un des plus beaux exemples de construction harmonieuse et fonctionnelle de fortifications. Le fort fut construit par le Florentin Michelozzo lors de la reconstruction des remparts de la ville (de

Le fort Revelin

1461 à 1463). Ce bastion et la tour Minčeta présentaient les points clefs de la défense de la porte Pile, c'est-à-dire de l'entrée ouest de la ville. Il fut construit comme une sorte de casemate de forme circulaire à deux étages, en avant de la muraille du moyen âge. De nos jours des représentations du Festival d'été de Dubrovnik sont données dans ses espaces harmonieux.

Le fort Lovrijenac

Le célèbre fort Lovrijenac fut érigé sur un rocher abrupt haut de 37 mètres. Ce fort imposant, bâti hors de l'enceinte était d'une importance capitale pour la défense de la partie ouest de la ville des attaques éventuelles de l'arrière-pays ainsi que de celles du côté de la mer. Ce fort est mentionné dans une légende dès le XIe siècle, mais pour plus de précision il faut se référer aux données du XIVe siècle, époque dont datent les fondements actuels. Dans les siècles suivants, le fort fut remanié à plusieurs reprises. La reconstruction la plus importante eut lieu aux XVe et XVIe siècles, comme ce fut le cas des autres forts ragusains. A cette époque-là, le bâtisseur I. K. Zanchi de Pesaro fortifia les parapets. Gravement endommagé lors du violent tremblement de terre de 1667, le fort fut de nouveau construit au XVIIe siècle. D'un plan triangulaire, épousant parfaitement les formes du rocher, le fort est bâti de telle façon que son côté le plus étroit et le plus élevé donne sur les faubourgs ouest alors que le mur le plus long s'ouvre vers le fort Bokar protégeant ainsi le plus petit, mais le plus ancien port de la ville - Kolorina. La cour intérieure quadrangulaire est entourée d'arcs et de piliers. Etant donné que la hauteur du fort n'est pas nivelée, il existe trois terrasses, dotées de parapets particulièrement résistants, dont la plus grande donne sur le large. Le fort était défendu par 10 grands canons dont le plus puissant s'appelait "Le lézard". Ce canon fut dessiné et fondu par le maître Ivan Rabljanin, mais aucun coup n'en fut jamais tiré. Comme le fort Lovrijenac était une construction dominante, dont la prise aurait menacé la sécurité de la ville et de la République, les autorités de la ville firent un grand étalage de sagesse et de prudence lors de sa construction. Ainsi l'épaisseur des murs exposés aux éventuels dangers ennemis va jusqu'à 12 mètres, alors que celle des murs donnant sur les remparts ouest de la ville ne dépasse pas 60 centimètres. Cette particularité illustre bien non seulement leur méfiance à l'égard de l'ennemi mais également à l'égard de ceux qui auraient tenté d'usurper le pouvoir. Ainsi tout tyran potentiel fut constamment exposé au danger d'une attaque et de la destruction du mur le moins épais. C'est pour la même raison que le commandant du fort, appartenant toujours à la classe des patriciens, n'était élu à ce poste que pour un mois. Ainsi la liberté de la République de Dubrovnik était défendue de toutes les façons possibles. Une inscription célèbre en latin au-dessus de la porte d'entrée du fort en témoigne: NON BENE PRO TOTO LIBERTAS VENDITUR AURO. Ce qui signifie: On ne vend pas la liberté même pour tout l'or du monde.

Lorsque la direction du Festival d'été de Dubrovnik était à la recherche d'espaces pour les représentations théâtrales, le fort Lovrijenac, avec ses trois terrasses, s'est présenté immédiatement comme lieu idéal. C'est là qu'on donne Hamlet de Shakespeare, pièce-culte du festival.

La porte Pile

La porte Pile constitua pendant des siècles l'entrée principale de la ville, d'après laquelle fut dénommée toute la zone devant la muraille. L'aspect actuel de cette porte de la ville remonte à l'an 1537 lorsque la tour semi-circulaire de la porte extérieure fut construite; l'arc de la porte est de style Renaissance et il est surmonté d'une statue de Saint-Blaise, patron de la ville, située dans une niche richement ornée.

On accède à la porte extérieure par un élégant pont de pierre et juste devant l'entrée même se trouve un pont-levis en bois qu'on soulevait chaque

Le fort Lovrijenac, un des pilliers de la défense de la ville

soir à l'aide de chaînes, cet acte étant accompagné d'une cérémonie particulière. Le premier pont de pierre fut construit en 1397 par Jean de Sienna
alors que le pont actuel, qui est plus long et comprend plusieurs arcs, fut construit selon les plans du célèbre architecte ragusain Paskoje Miličević. Ce pont
enjambe un fossé profond creusé le long des remparts et servant à la défense. La porte intérieure, construite en 1460 à l'emplacement de la plus ancienne porte de la ville, est de style gothique.

La porte Pile

Le couvent Sainte-Claire

Ce couvent de religieuses est situé au sud de la porte Pile, le long des remparts. Il fut construit à la fin du XIIIe et au début du XIVe siècle. C'était un des couvents de religieuses les plus importants et les plus renommés de la République de Dubrovnik. Depuis 1434 le couvent abritait un orphelinat pour enfants abandonnés et illégitimes, un des premiers dans son genre au monde. Les enfants y restaient jusqu'à l'âge de six ans et ensuite étaient mis sous la tutelle des familles honorables. A l'époque de Napoléon, les autorités françaises fermèrent le couvent et le transformèrent tout d'abord en arsenal et, plus tard, en écurie.

L'église Saint-Sauveur

C'est entre la porte Pile et le couvent des Franciscains que se situe la petite église votive Saint-Sauveur, érigée sur décision du Sénat en reconnaissance au Sauveur pour avoir épargné la ville des dégâts du terrible tremblement de terre en 1520. Une inscription monumentale sur la façade principale en témoigne. L'église fut construite par Petar Andrijić de Korčula et les travaux furent terminés en 1528. Comme l'église fut restée intacte lors du terrible tremblement de terre en 1667, elle a conservé son aspect original et elle représente un bel exemple de l'harmonieux style de la Renaissance ragusaine. L'église n'a qu'une nef avec une voûte en croisée d'ogives gothique, alors que les fenêtres latérales représentent les caractéristiques du style gothique aux arcs aigus. Mais la façade principale, qui se termine par une forme de trèfle semi-circulaire, le portail présentant des éléments évidents de la Renaissance, les proportions globales de l'église ainsi que l'abside semi-circulaire, présentent une conception reconnaissable et spécifique du style Renaissance.

La grande fontaine d'Onofrio

Au milieu de la petite place harmonieuse près de la porte Pile, se dresse la grande fontaine d'Onofrio. Elle fut construite en 1438 par le constructeur napolitain Onofrio della Cava avec qui la République de Dubrovnik avait passé contrat pour la reconstruction de l'aqueduc municipal. Alors que la plupart des villes dalmates construisaient de grands réservoirs où l'on recueillait les eaux de pluie, Dubrovnik décida d'approvisionner la ville en eau de source. Un tel aqueduc à la fin du moyen âge était un cas exceptionnel. Onofrio amena l'eau de la source Šumet en Rijeka Dubrovačka, qui se trouvait à 12 kilomètres de la ville. Sur le parcours Konale, au-dessus de la ville même, il construisit deux embranchements: l'un qui approvisionnait en eau les ateliers dans la zone de Pile, et l'autre, à la hauteur du fort Minčeta, se dirigeait vers la ville même. Sur celui-ci il construisit toute une série de moulins. L'eau, une fois en ville, était accessible aux citadins à deux points-clefs: à l'entrée ouest de la ville il construisit une grande fontaine polygonale qui faisait également office de réservoir, et à l'est une fontaine plus petite qui approvisionnait le marché de la place Luža. A part ces deux fontaines principales, il en existait encore quelques-unes: dans le port à côté de la poissonnerie, dans l'atrium du palais des Recteurs, dans le cloître du couvent des Franciscains. Il existait également une petite fontaine destinée aux Juifs.

La petite place pittoresque à l'entrée ouest de la ville avec l'église Saint-Sauveur, le couvent des Franciscains et la grande fontaine d'Onofrio

La grande fontaine d'Onofrio, par sa forme et son volume, sur la petite place quadrangulaire, semble reproduire les fonts baptismaux de style roman de l'ancienne cathédrale de la place Bunić. La fontaine fut gravement endommagée par le tremblement de terre de 1667 et ce qui en reste aujourd'hui n'est que la construction architecturale dépouillée des extraordinaires ornements détruits à jamais. Il ne reste aujourd'hui que 16 mascarons en relief par les bouches desquels coulait l'eau.

Le couvent des Franciscains

    Au début de la Placa, à gauche de la porte Pile, se trouve le grand complexe du couvent des Franciscains (Frères Mineurs). C'est par la façade latérale de l'église conventuelle qu'il donne sur la rue principale de la ville. Au nord, le couvent épouse la ligne des remparts jusqu'à Minčeta. Le premier complexe conventuel fut construit au XIIIe siècle hors de la ville, dans l'aire de Pile. Comme au début du XIVe siècle la ville fut menacée par des dangers de guerre, les franciscains durent transférer leur couvent et ils s'abritèrent à l'intérieur de l'enceinte. La construction du couvent actuel fut commencée en 1317 et dura des années. Certaines parties du couvent furent détruites puis reconstruites plusieurs fois. Dans le catastrophique tremblement de terre de 1667, la grande église franciscaine, une des plus riches du Dubrovnik de cette époque-là, fut complètement détruite. De cette première église ne subsiste aujourd'hui que le portail sud. Ce portail fut probablement transféré de la façade principale à la façade latérale lors de la reconstruction de l'église au XVIIe siècle. Ce portail, le plus monumental de l'époque, fut construit sur commande en 1498 par l'atelier renommé de tailleurs de pierre des frères Leonardo et Petar Preradović. Le portail présente toutes les caractéristiques du style gothique, bien que dans les formes prononcées

Le portail de l'église des Franciscains par les frères Petrović, XVe s.

Le cloître et le jardin du couvent des Franciscains, XIVe s.

des statues on perçoive déjà l'esprit de la Renaissance. Au-dessus des chambranles se trouvent les statues de saint Jérôme et de saint Jean-Baptiste, alors que la lunette gothique centrale abrite une pietà. Une telle distribution iconographique ainsi que le choix des saints-patrons témoignent des tendances et des intentions sociales des franciscains vu la situation politique de l'époque. La statue de saint Jean-Baptiste signifie la fermeté des chrétiens confrontés aux attaques des Turcs. Saint Jérôme représente l'union spirituelle

Chapiteaux en forme de chiens, XIVe s.

de la ville avec le reste de la Dalmatie. La sculpture de la Vierge de la pietà démontre la compassion envers les habitants les plus misérables qui d'ailleurs se tournent d'eux-même vers les franciscains. Quant à la statue du Dieu-Créateur, qui surmonte le portail, elle signifie que Dieu devrait être au-dessus des courants de la pensée humanistique de l'époque. L'église des Franciscains actuelle est reconstruite dans le style baroque. Le mur nord de l'église clôt la partie sud d'un des plus beaux cloîtres ragusains. Oeuvre du maître Mihoje Brajkov de Bar, elle fut reconstruite en 1360 dans le style de la dernière période de l'art roman tardif. L'espace très harmonieux du cloître est encadré d'arcades soutenues par de fines colonnettes jumelées couronnées de chapiteaux au décor très varié. Ce cloître est une des réalisations les plus importantes de style roman tardif de la côte croate. Le couvent des Franciscains abrite un autre cloître construit dans le style gothique réservé exclusivement à l'usage des religieux et qui n'est pas ouvert aux visiteurs.

Au sein du couvent se trouve aussi la célèbre pharmacie fondée en 1317 et en activité depuis sans interruption; par son ancienneté, elle est la troisième dans le monde. Le couvent des Franciscains possède également une des plus vieilles et des plus riches bibliothèques de Croatie, renommée dans le monde entier en raison des livres d'une grande valeur qu'elle abrite. La collection compte plus de 20 000 ouvrages, entre autre 137 incunables, plus de 1200 anciens manuscrits d'une grande importance et sept antiphonaires. La collection d'objets d'art d'une grande valeur est située dans la grande salle Renaissance. Elle abrite des objets ayant appartenu à l'ancienne pharmacie conventuelle, des tableaux d'anciens maîtres, des objets d'orfèvrerie ainsi que des livres rarissimes.

La Placa (le Stradun)

    La Placa, (communément appelé aussi Stradun), est l'artère principale de Dubrovnik et le lieu de promenade et de rendez-vous préféré de ses habitants. C'est là qu'ont lieu toutes les processions et toutes les festivités populaires. C'est également la principale rue commerciale du vieux noyau de la ville. Cette rue, la plus belle et la plus large de Dubrovnik, divise net-

tement le vieux noyau urbain en parties septentrioale et méridionale et elle est en même temps la voie de communication la plus directe entre la porte ouest et la porte est de la ville. La Placa se situe à l'emplacement de l'étroit bras de mer qui autrefois séparait la localité sur l'îlot Laus de la localité sur le continent et qui fut comblé au IXe siècle. C'est à la fin du XIIe siècle que la Placa acquit sa vraie fonction lorsque les deux communautés furent réunies par une muraille unique en un seul ensemble urbain. Le nom Placa dérive du grec et latin platea que nous traduisons par rue. L'autre appellation, Stradun, est due aux Vénitiens; elle a une connotation péjorative et signifie une très grande rue. Dans son état actuel, la Placa date de l'époque d'après

La place Luža avec le palais Sponza, la Luža, la Tour de l'Horloge, la Tour de la Garde et l'église Saint-Blaise

le grand tremblement de terre de 1667 lorsqu'on se hâtait de reconstruire la ville après les dévastations de celui-ci et des incendies qui s'en suivirent. Des palais somptueux et pittoresques de la Placa d'avant le séisme furent substitués par des constructions architecturalement plus unifiées et plus simples, par des maisons baroques de la même hauteur, aux façades semblables et de la même disposition. Le Sénat de la République de Dubrovnik prescrivit la construction, au rez-de-chaussée des maisons, de boutiques semblables ce qui traduisit le souci des autorités pour le développement du commerce. Malgré la modestie de cette nouvelle architecture, la Placa reflète à merveille l'harmonie et le rythme des surfaces blanches, d'un aspect bien digne.

Le festival d'été de Dubrovnik

Le grand festival de théâtre et de musique, le FESTIVAL D'ETE DE
DUBROVNIK, s'y tient tous les ans depuis 1950. Le festival a lieu du 10
juillet au 25 août et les spectacles se déroulent en plein air dans 33 décors

extraordinaires. Ainsi des endroits historiques et pittoresques de la ville, ayant souvent des qualités acoustiques extraordinaires, deviennent des lieux idéaux pour de nombreuses représentations dramatiques ou concerts, tels l'atrium du palais des Recteurs ou les intérieurs majestueux des églises ragusaines. Le festival d'été de Dubrovnik jouit d'un grand renom dans le monde entier et réunit les plus grands noms de l'art théâtral et musical. Les espaces historiques de la ville d'une grande beauté artistique et naturelle représentent un cadre rêvé pour les pièces de théâtre, les danses et les concerts qui y sont organisés et qui offrent au public des plaisirs uniques. L'ouverture du Festival est particulièrement impressionnante. Elle a toujours lieu le 10 juillet et toute la ville y participe. Les festivités de l'ouverture se déroulent sur la place Luža où l'on hisse le drapeau du festival sur la colonne de Roland.

La place Luža

La Placa s'élargit à l'est et forme ainsi la petite place Luža, qui était autrefois un marché. Au milieu de la place se dresse la fameuse colonne de Roland et elle est entourée d'édifices administratifs et ecclésiastiques d'une grande importance, tels que l'église baroque Saint-Blaise, patron de la ville, le palais du Conseil Majeur, la Tour de la Garde, la Tour de l'Horloge, la petite fontaine d'Onofrio, l'ancienne loggia avec des cloches et le palais Sponza qui abritait autrefois les bureaux de la douane et les ateliers de la Monnaie. C'est sur cette place qu'ont lieu toutes les grandes festivités ragusaines, telles que la fête de Saint-Blaise ou l'ouverture du Festival d'été de Dubrovnik.

L'église Saint-Blaise

L'église baroque du patron de la ville de Dubrovnik, saint Blaise, fut construite en 1715 à l'emplacement d'une vieille église romane consacrée au même saint. Cet édifice d'une grande importance artistique fut bien endommagé par le tremblement de terre d'une grande puissance dans la nuit du 24 au 25 mai en 1706. C'est Marino Gropelli qui construisit l'église actuelle, à la demande des autorités de la ville, sur le modèle de l'église vénitienne Saint-Maurice. Il s'agit d'un édifice central avec un dôme oval au milieu et un grand portail orné donnant sur un vaste escalier à l'extérieur. Les façades baroques richement ornées contrastent avec celles des maisons de la Placa apportant de cette façon une vivacité particulière à l'ambiance de cet espace. L'intérieur de l'église est également richement orné suivant les impératifs du style baroque dans lequel elle est construite. On remarquera surtout les ornements somptueux des autels en marbres de divers coloris. Le maître-autel abrite la statue gothique de saint Blaise en argent doré du XVe siècle. Oeuvre d'un maître inconnu de l'école ragusaine, cette statue est, par ses qualités artistiques, une des plus importantes dans l'histoire de l'art ragusain. Outre sa grande valeur artistique, cette statue a également une valeur historique étant donné que le saint tient dans sa main gauche une maquette de la ville de Dubrovnik sur laquelle on peut facilement reconnaître les édifices détruits ultérieurement par le grand tremblement de terre. Il faut dire aussi que cette statue est la seule parmi de nombreux autres objets en or et en argent qui soit restée indemne dans un grand incendie de l'église, ce qui lui valut une réputation miraculeuse.

La fête de Saint-Blaise

Saint Blaise représente pour Dubrovnik ce que saint Marc représente pour Venise. La fête de Saint-Blaise, patron de la ville, est célébrée tous les ans le 3 février. Cette grande fête populaire, vers laquelle affluent les habitants des environs en costumes nationaux pittoresques, est connue pour sa magnifique procession avec les reliques du saint ainsi que pour toutes sortes de divertissements et de réjouissances en plein air. Du temps de la République, on remettait en liberté, sept jours avant et sept jours après la fête, des prisonniers n'étant pas considérés comme dangereux. Il y avait également une coutume qui permettait l'entrée de la ville à ceux qui en étaient définitivement bannis. Saint Blaise, évêque de Sebasta en Armenie, tortu-

ré et tué à l'époque de l'empereur Dioclétien, devint patron de la ville de
Dubrovnik au Xe siècle. Selon la légende, il aurait apparu dans les rêves de
Stojko, curé de la cathédrale, et l'aurait averti que les Vénitiens, dont les navires avaient jeté l'ancre à proximité de l'île de Lokrum, s'apprêtaient à atta-
quer la ville pendant la nuit. Après que le Sénat eut étudié avec soin le récit

de Stojko, saint Blaise fut proclamé patron de la ville. Son effigie, taillée dans la pierre, se trouvait sur toutes les fortifications ragusaines, au-dessus de toutes les portes de la ville, ainsi que sur le drapeau de la République de Dubrovnik. Tous les sceaux officiels, ainsi que les pièces frappées dans les ateliers de la Monnaie ragusains, portaient l'effigie de l'évêque barbu avec sa mitre et son bâton épiscopal.

La colonne de Roland

Au milieu de la place Luža on érigea en 1418 une colonne en pierre haute et élancée portant un drapeau et représentant le légendaire chevalier Roland (Orlando). Le drapeau blanc de la liberté de la République de

Dubrovnik, à l'effigie de son patron saint Blaise flotte depuis toujours au sommet de la colonne. La colonne est de style gothique et fut érigée, sur commande, par Bonino de Milan, aidé par des artistes locaux. La statue du noble chevalier Roland est un excellent exemple de statue gothique monumentale. On peut se demander pourquoi le personnage de Roland est présent au sud de l'Adriatique alors qu'il est caractéristique pour les villes d'Europe du nord? Bien que la légende présente Roland comme défenseur de la ville contre des pirates sarrasins, la vérité serait plutôt de nature politique. Dubrovnik se trouvait au XVe siècle sous la protection du roi croato-hongrois et tchèque Sigismond qui était également le comte de la province du Brandenbourg où il y avait une multitude de statues de Roland. Ainsi la statue ragusaine de Roland était un signe de respect envers le roi Sigismond, dont la protection était d'une grande importance pour la ville, vu les appétits territoriaux de Venise. La statue de Roland était tournée autrefois vers l'est, où se trouvait la douane. Au fil des siècles elle changea souvent de place. En 1825 elle fut renversée par un vent violent et pendant plus de cinquante ans resta enfermée dans un dépôt. Lorsqu'elle fut de nouveau érigée, on la tourna vers le nord. La longueur de son avant-bras représentait une mesure de longueur qui était de 51,2 cm et qu'on appelait "la coudée ragusaine".

Le palais du Conseil Majeur

Entre le palais des Recteurs et la Tour de l'Horloge se trouvait autrefois le palais gothique du Conseil Majeur. On trouve les premières mentions écrites sur l'édifice en 1303. En 1487 le palais fut entièrement reconstruit et agrandi et présentait un mélange de styles gothique et Renaissance. Comme la façade principale fut l'oeuvre de l'architecte ragusain Paskoje Miličević, elle ressemblait probablement à la façade du palais Sponza, oeuvre du même architecte. Sur la façade il y avait des sculptures d'une grande valeur artistique. De nombreux architectes locaux et étrangers prirent part à la construction de cet édifice, entre autres Radivoje Bogosalić et Leonard Petrović pour les travaux de l'extérieur et Rade Ivanov et Marin Radetić pour ceux de l'intérieur. Au premier étage il existait une porte par laquelle le palais du Conseil communiquait avec le palais Sponza. Au dessus de la porte figure l'inscription latine OBLITI PRIVATORUM PUBLICA CURATE, ainsi traduite: "Oublie tes intérêts personnels, veille aux affaires publiques". Au cours du XVIIIe siècle le palais abritait le théâtre municipal. En 1816 l'édifice fut complètement ravagé par un grand incendie et à son emplacement on construisit en 1882 le Palais municipal en style néo-gothique. L'édifice abrite aujourd'hui le théâtre municipal et, au rez-de-chaussée "Le Café de la Ville", construit au XXe siècle.

La Tour de la Garde

La Tour de la Garde fut construite dans le style gothique en 1490 à côté du palais du Conseil Majeur. Cet édifice était d'une grande importance pour la sécurité de la ville et servait de logement à l'amiral, principal commandant des forces armées. Au début du XVIIIe siècle on reconstruisit le rez-de-chaussée de l'édifice et entre 1706 et 1708 un monumental portail baroque fut construit. L'auteur de cette reconstruction fut l'architecte vénitien Marino Gropelli d'après les plans duquel on construisit également la nouvelle église baroque Saint-Blaise.

La petite fontaine d'Onofrio

Le petite fontaine d'Onofrio se dresse au pied de la Tour de la Garde. Après la construction de l'aqueduc ragusain, son constructeur Onofrio della Cava construisit deux fontaines publiques, dans l'axe de la Placa, l'une à l'est et l'autre à l'ouest. La grande fontaine d'Onofrio se trouve à l'ouest, à côté de la porte Pile, alors que la petite se trouve à l'autre bout de la Placa, à l'est, pour approvisionner en eau le marché qui autrefois se trouvait sur la place Luža. La petite fontaine d'Onofrio fut érigée en 1438 et c'est un vrai chef-d'oeuvre réunissant harmonieusement l'art du beau et de l'utile. Les ornements sculpturaux furent exécutés par le sculpteur Petar Martinov de Milan. Comme au moyen âge l'eau avait aussi une signification religieuse, seuls les chrétiens pouvaient s'y approvisionner. Tout près de cette fontaine se trouvait la fontaine des Juifs où ceux-ci venaient s'approvisionner. Celle-ci fut transférée plus tard près de la porte Pile.

La Tour de l'Horloge

La Tour de l'Horloge fut construite en 1444 dans l'axe de la rue Placa. Haute de 31 mètre, elle représente, avec la tour Minčeta et la colonne Roland, un des symboles de la liberté de cette Ville-Etat. Elle fut construite par les maîtres locaux Grubačević, Utišenović et Radončić. Avant la construction de cette tour, l'horloge municipale se trouvait sur le palais des Recteurs. C'est Luka, fils de l'amiral Miho Žurgović, qui fit le cadran en laiton sur lequel les aiguilles indiquaient les phases de la lune. Il fit également deux statues en bois qui, en frappant le bourdon, indiquaient les heures. Plus tard le peintre ragusain Matko Junčić fit un cadran à chiffres et les statues en bois furent remplacées par d'autres en bronze, les fameux "zelenci" (hommes verts). En 1509, Ivan Rabljanin, fondeur de renom, fondit le nouveau boudron, sur lequel est gravé le texte d'Ilija Lampridije Crijević. La Tour fut gravement endommagée dans le grand tremblement de terre, sa stabilité fut ébranlée, elle s'inclina et menaçait de s'écrouler. C'est pourquoi, en 1929, elle fut rebâtie d'après les anciens plans.

La Luža

La Luža, l'ancienne loggia avec des cloches, se trouve entre la Tour de l'Horloge et le palais Sponza. C'est après l'explosion de poudre au palais des Recteurs que les cloches furent transférées à la Luža. Ces cloches sonnaient le tocsin pour signaler un incendie ou un danger quelconque, mais elles sonnaient également pour convoquer le Conseil Majeur. La Luža fut construite en 1463 et entièrement rénovée en 1952. Au-dessous de la Luža se trouve la porte intérieure de la ville de style gothique, la porte de la Douane, par laquelle on sort de la Placa vers la porte Ploče ou directement vers le vieux port.

Le palais Sponza

Aux abords de la Luža, du côté gauche de la place, s'élève le monumental palais Sponza, dont l'architecture fait la synthèsc des styles gothique et Renaissance. C'est un des plus beaux palais de la ville et il a conservé son aspect original jusqu'à nos jours. Il rappelle en grande partie l'aspect probable de la plupart des édifices publics et particuliers avant le violent tremblement de terre de 1667. Le palais doit son nom à l'ancien quartier de Spongia où l'on recueillait les eaux de pluie. C'est là que se trouvaient à l'époque de la République les bureaux de la douane et des cntrepôts de sorte que le palais était souvent appelé aussi Divona (dérivant de dogana signifiant douane). A part la douane, il s'y trouvait également les ateliers de la Monnaie de la République, la banque, la trésorerie de l'Etat et l'arsenal. Le palais accueillait également plusieurs services d'Etat d'une grande importance pour la République qui vivait en grande partie du commerce. Les plans pour la construction de ce palais complexe furent établis par le maître Paskoje Miličević. C'est un édifice rectangulaire avec une cour intérieure. Vers la place, le palais présente un portique ouvert. Il y a également un portique à l'étage donnant sur la cour. L'édifice est la synthèse des styles gothique et Renaissance, ce qui caractérise d'ailleurs de nombreux palais de cette époque sur la côte est de l'Adriatique. Le portique ainsi que les ornements sculptés furent exécutés après 1516 par les frères Andrijić de Korčula et par d'autres tailleurs de pierre moins renommés. Sur le mur nord de la cour il y a un très beau médaillon au monogramme du Christ et deux anges réalisés par le sculpteur Beltrand Gallicius. Certains entrepôts de la douane portent les noms des saints inscrits en majuscules au-dcssus de la porte. L'inscription sur l'arc du portique, duquel pendait autrefois une balance, souligne l'exactitude des mesures ragusaines: FALLERE NOSTRA VETANT; ET FALLI PONDERA: MEQUE PONDERO CUM MERCES: PONDERAT IPSE DEUS - Nos poids ne permettent pas de tromper ni d'être trompé; lorsque je pèse la marchandise, Dieu en personne me pèse. Le palais Sponza ne fut pas détruit par le violent tremblement de terre de 1667 ce qui sauva probablement la République même parce que l'Etat put, malgré les dévastations désastreuses, poursuivre ses activités. Dans la grande salle du premier étage se réunissaient les membres de l'Académie fondée dans la

deuxième moitié du XIVe siècle par un groupe de poètes ragusains. C'était la première institution de vie littéraire à Dubrovnik.

Aujourd'hui le palais Sponza renferme l'institution culturelle la plus importante de la ville - les archives historiques de la ville. Autrefois, du temps de la République, les archives étaient entreposées dans le palais des

Recteurs. Aujourd'hui les archives contiennent presque tous les documents relatifs à la période depuis le XIIe siècle jusqu'à la chute de la République, ainsi qu'un nombre considérable de documents plus récents des XIXe et XXe siècles. En raison du nombre et de la diversité des documents que les archives abritent, c'est l'une des institutions les plus importantes de ce genre dans le monde. Les archives possèdent 7 000 fascicules de manuscrits et environ 100 000 manuscrits non reliés privés. Le document le plus ancien de ces archives date de l'an 1022. En 1278, la République commença à enregistrer, à consigner et à entreposer systématiquement tous les documents publics et privés. Ces documents furent rédigés en premier lieu en latin et en italien, mais il y en avait également beaucoup en croate, en turc, en rus-

La cour intérieure du palais Sponza

se, en espagnol, en grec moderne ainsi qu'en arabe. C'est surtout la collection de livres législatifs et juridiques, parmi lesquels se distingue le Statut de Dubrovnik, de 1272, qui est d'une très grande importance. On y trouve également toutes les notes de la chancellerie et du notariat de la République, les duplicatas de tous les testaments, puis des documents des trois Conseils de la République, la correspondance officielle, les annotations sur les itinéraires de tous les navires, les listes de marchandises et de voyageurs ainsi que de nombreuses autres pièces d'une grande importance à partir desquelles on peut reconstruire toute l'histoire politique, diplomatique et économique de la République de Dubrovnik ainsi que l'histoire d'autres pays et peuples.

Le palais des Recteurs

Le palais des Recteurs se trouve à côté du Palais Municipal (autrefois le palais du Conseil Majeur). C'est un des monuments les plus importants de l'architecture profane non seulement de Dubrovnik mais également de toute la côte adriatique. Ce palais de style gothique-Renaissance doit son aspect actuel à de nombreux remaniements et reconstructions au cours de son histoire bien mouvementée. Il fut souvent endommagé par des incendies, des explosions de poudre et des séismes. A l'emplacement du palais actuel on avait commencé, aux premiers temps de l'histoire de Dubrovnik,

la construction d'un édifice défensif. Dans le statut de 1272 il est mentionné comme castrum. En 1296 on le trouve sous le nom de castellum - castel, donc une forteresse. L'appellation plus récente palatium - palais - apparaît dans les documents de 1349; plus tard on trouve aussi le nom palazzo maggiore. Grâce à la mention de certaines parties de l'édifice on peut conclure qu'il s'agissait d'une construction aux tours angulaires, avec deux ailes et un mur très haut qui enfermaient la cour intérieure. Au XVe siècle on voulut embellir cet édifice. Cette décision est due aux incendies et aux explosions de poudre qui avaient endommagé le palais à un tel point qu'il avait dû être rénové de fond en comble. Après l'incendie en 1435, qui avait complètement dévasté le palais et ses tours, le Sénat décida de construire un nouveau palais, beaucoup plus majestueux. Cette tâche fut confiée à Onofrio della Cava, architecte de Naples, qui avait déjà été précédemment engagé pour la construction de l'aqueduc. Le palais des Recteurs du maître Onofrio était un édifice à un étage, raffiné et harmonieux, construit dans le style gothique.

Les chapiteaux de la façade principale du palais des Recteurs

L'atrium du palais des Recteurs

Dans la cour intérieure il y a un portique harmonieux aux colonnes ornées de chapiteaux figuratifs. Les ornements sculptés du palais d'Onofrio, y compris les chapiteaux aux représentations figuratives, furent exécutés par le maître Pietro di Martino de Milan. Le semi-chapiteau figurant un Esculape médiéval inserré dans la partie sud du portique, le chapiteau représentant le jugement de Salomon - aujourd'hui au musée de la ville de Dubrovnik - ainsi que quatre consoles de la façade principale du portique se sont conservés jusqu'à nos jours. Bien que la disposition des figures dans ces oeuvres soit de style gothique, on y pressent déjà un certain esprit de la Renaissance. L'explosion de poudre en 1463, dans l'arsenal du palais, endommagea gravement l'édifice. Pour la reconstruction du palais on fit appel à Michelozzo, célèbre architecte florentin, qui à ce moment-là travaillait sur la rénovation des remparts de la ville. Il paraît que le projet avait trop de caractéristiques de la Renaissance, puisque le Conseil Majeur, notoirement conservateur, le refusa le 5 mai 1464. Peu de temps après, Michelozzo quitta la ville et d'autres architectes continuèrent les travaux. Les arcades du portique furent reconstruites dans

l'esprit de la Renaissance avec de nouveaux chapiteaux. La modernisation des ornements sculptés dans le style de la Renaissance aurait été réalisée par l'artiste florentin Salvi di Michele, qui dirigeait les travaux à partir de 1467. Ce sont les façades sud et ouest à l'étage de l'édifice qui subirent le plus de remaniements: des ouvertures simples furent remplacées par de grandes fenêtres géminées, huit sur la façade ouest et trois sur la façade sud. Les fenêtres géminées furent taillées par les artistes ragusains Radivoj Bogo-salić et Nikola Marković alors que l'artiste Pavko Antojević Bogičević réalisa les reliefs du portail du palais. Parmi les artistes qui rénovaient le palais se trouvait également le maître Petar Andrijić de Korčula. Le violent tremblement de terre de 1667 endommagea de nouveau sérieusement le palais. La façade sud aux fenêtres géminées s'était écroulée et cette aile fut reconstruite dans le style baroque. C'est à cette époque-là que l'ancien escalier de l'atrium fut remplacé par un nouveau de style baroque. Au premier étage de l'atrium se trouvait un campanile richement orné dans le style rococo. La cloche en était dotée d'un mécanisme horloger situé au-dessous et sonnait les heures. Au rez-de-chaussée, dans l'atrium, entre deux colonnes de l'aile est, se trouve le buste de Miho Pracat, loyal citoyen, érigé là par décision du Sénat en 1638. Cet armateur richissime de l'île de Lopud légua à l'Etat toute sa fortune et il est le seul citoyen, et en plus homme du peuple, à qui la République de Dubrovnik, en mille ans de son existence, ait érigé un monu-

Cabinet de travail du recteur

ment. Le buste est l'oeuvre du sculpteur Pietro Giacometti de Recanati. Endommagé par le tremblement de terre de 1667, il fut restauré et remis à la même place en 1783. La façade est, donnant sur le port, fut également

Le buste en bronze du bienfaiteur ragusain Miho
Pracat dans l'atrium du palais des Recteurs

fort remaniée après ce même tremblement de terre. C'est à ces infortunes, qui se sont succédé pendant des siècles, que le palais des Recteurs doit son aspect actuel: c'est un édifice harmonieux qui marie d'une façon équilibrée les trois styles: gothique, Renaissance et baroque.

Le palais abritait le cabinet du recteur, ses appartements personnels, la salle de réunion du Conseil Mineur ainsi que les salles de réception et d'audience. Au palais se trouvait également le siège de l'administration (le secrétariat, le notariat et le cadastre), ainsi que l'arsenal, l'entrepôt de poudre à canon, les salles des gardes et la prison. Le recteur, qui ne gouvernait que pendant un mois, ne pouvait pendant cette période quitter le palais que pour des raisons officielles. Il recevait chaque soir, lors d'un cérémonial particulier, les clefs des portes de la ville dont la garde lui fut confiée durant la nuit, afin que personne ne puisse entrer dans la cité la nuit. Le matin, toujours en observant le même cérémonial, le recteur remettait les clefs pour ouvrir les portes de la ville. Le long du mur intérieur de la façade ouest, sous le portique, se trouvent plusieurs bancs de pierre ornés. C'est là que s'asseyait le recteur avec les membres du Conseil Mineur, sur des coussins de soie, soit pour recevoir des ambassadeurs avant leur départ pour des pays lointains, soit pour recevoir les salutations du drapeau le jour de la fête de Saint-Blaise. Au palais des Recteurs est situé aujourd'hui le département historique du Musée de Dubrovnik. La plupart des salles sont aménagées dans les styles des époques

Le campanile au palais des Recteurs

différentes pour représenter le plus fidèlement possible l'ambiance d'autrefois. On peut y admirer des meubles de style, de nombreux portraits ct armoiries de patriciens ragusains, des tableaux de maîtres anciens, la collection numismatique des pièces de la République de Dubrovnik, les clefs des portes Pile et Ploče dans un coffret d'ivoire, et les copies de toute une série d'importants documents d'Etat.

La cathédrale de Dubrovnik

La cathédrale ragusaine actuelle, consacrée à la Vierge de l'Assomption, date du début du XVIIIe siècle. Elle fut construite après la destruction quasiment totale de l'anciennc cathédrale romane (XIIe - XIVe siècle) par le violent tremblement de terre de 1667. Cette cathédrale romane était, selon les sources historiques, une somptueuse basilique avec un dôme, richement ornée de statues. Selon une légende, elle fut construite grâce aux dons votifs du roi Richard Coeur de Lion qui, revenant de Terre Sainte en 1192, après la troisième croisade, survécut à un naufrage près de Lokrum. Lors des travaux de restauration sur la cathédrale en 1981, on mit à jour les vestiges d'une cathédrale encore plus ancienne, qui, selon ses caractéristiques architecturales, remonterait au VIIe siècle. Cette découverte apporte une nou-

velle dimension à l'histoire ragusaine: elle confirme qu'au VIIe siècle Dubrovnik était déjà un ensemble urbain. La République s'appliqua à reconstruire la cathédrale détruite le plus vite possible. C'est Stjepan Gradić, un des
intellectuels les plus éminents du Dubrovnik d'alors qui joua un rôle important dans ces efforts de reconstruction rapide. Il se trouvait à cette époque-

là à Rome où il était d'abord conservateur puis recteur de la bibliothèque du Vatican et en même temps ambassadeur officiel auprès du Saint-Siège. Il développa une inlassable activité auprès de ses nombreux amis et connaissances pour reconstruire sa ville natale détruite par le tremblement de terre. Son idée était de reconstruire la cathédrale ragusaine dans le style du baroque romain et, par conséquent, il proposa à la République le célèbre architecte Andrea Buffalini d'Urbin, qui fit des projets et une maquette de l'église en bois. Buffalini avait proposé une église à trois nefs avec une coupole. La façade principale de l'église, s'élevant au-dessus d'un escalier de sept marches, est organisée, selon la manière typiquement baroque, en trois parties pour mettre en relief la richesse de la façade et la dynamique des

L'Autel Saint-Jean Nepomuk de la cathédrale, 1758

contrastes de lumière dus à l'ensemble de niches, de frontons et de statues. La partie centrale de la façade est saillante avec un portail principal dominé par quatre hautes colonnes corinthiennes. Au-dessus de l'attique s'élève l'étage de la partie centrale avec une grande fenêtre baroque, des pilastres légèrement en saillie et un fronton triangulaire prononcé. Les parties droite et gauche, plus en retrait, n'ont qu'un étage et sont divisées par des pilastres et des niches très profondes abritant des sculptures; la partie supérieure de la façade se termine par une balustrade et des statues de saints. Les deux portails latéraux, plus petits, sont beaucoup plus bas que le portail central. Les façades latérales sont divisées par des pilastres peu saillants et des grandes fenêtres baroques semi-circulaires. L'intérieur de l'église à trois nefs

L'intérieur de la cathédrale de l'Assomption

est divisé par de grands pylônes élancés. A la croisée du transept s'élève une coupole baroque. La construction de l'église sur les plans de Buffalini fut commencée en 1671. Le premier maître-maçon était Paolo Andreotti de Gênes à qui ont succédé Pier Antonio Bazzi, également de Gênes, et le franciscain Tommaso Napoli de Palerme. Les travaux furent terminés en 1713 sous la gestion du maître-maçon local, Ilija Katičić. L'intérieur de la cathédrale abrite quelques autels baroques d'une valeur artistique importante, comme l'autel de Saint-Bernard érigé par Carlo degli Frangi, ou bien le singulier autel de Saint-Jean Nepomuk, fait de marbre violet dans le style baroque nordique. Cet autel est une donation de l'évêque de Srijem, Nikola Josip Gljivović de Pelješac, qui était le conseiller de l'impératrice austro-hongroise Marie-Thérèse. Le trésor de la cathédrale était sans doute un des plus fastueux de toute la côte adriatique, mais il fut sérieusement endommagé lors du tremblement de terre de 1667. Mais même ce qui fut sauvé des décombres et des incendies témoigne de la grande richesse artistique qu'abritaient les églises ragusaines. Parmi les objets les plus importants du trésor il faut mentionner des reliquaires contenant la tête et le bras de saint Blaise, patron de la ville de Dubrovnik. Le reliquaire contenant le crâne a la forme de la couronne impériale byzantine et est rehaussé de médaillons en émail et de pierres précieuses. C'est une oeuvre d'une grande valeur de l'orfèvrerie des XIe et XIIe siècles. Le trésor enferme d'autres reliquaires ainsi que des objets sacrés du XIIIe au XVIIIe siècle dont nombreux sont l'oeuvre des artistes orfèvres ragusains. Un détail intéressant, concernant la gestion du trésor, témoigne de la précaution proverbiale des Ragusains. Comme le trésor de la cathédrale était également considéré comme la propriété de la République, l'accès en était possible uniquement si on l'ouvrait avec trois clefs spéciales, dont la garde était confiée respectivement à l'archevêque ragusain, au recteur de la cathédrale et au Secrétaire d'Etat, séparément.

Le trésor de la cathédrale abrite également un nombre important de tableaux d'une grande valeur - depuis l'icône romane-byzantine représentant une Vierge à l'enfant du XIIIe siècle jusqu'aux tableaux de Padovanini, Palma le Jeune, Savoldo, Parmigianino, P. Bordoneo et d'autres. Le grand

Le trésor de la cathédrale; le reliquaire ayant la forme de la couronne des empereurs byzantins, abritant la tête de saint Blaise, XIe ou XIIe siècle

polyptique représentant l'Assomption de la Vierge, dans le sanctuaire de la cathédrale, est l'oeuvre de l'atelier de Titien et, en partie, probablement de Titien lui-même. Ce chef-d'oeuvre fut transféré de l'église Saint-Lazare à Ploče, complètement détruite, à la cathédrale.

A proximité de la cathédrale, du côté sud, sur l'actuelle place Bunićeva poljana, s'élevait autrefois une construction polygonale indépendante du baptistère en pierre blanche et rouge. Cette construction, érigée en 1326, faisait partie du complexe de l'ancienne cathédrale et était la seule à ne pas avoir été détruite par le tremblement de terre. En 1830, un prétentieux officier autrichien la fit raser sous prétexte qu'elle lui cachait la vue de la fenêtre de sa résidence.

La place Gundulićeva poljana

A l'ouest de la cathédrale s'étend une place relativement grande et très pittoresque - Gundulićeva poljana. Cette place est entourée de vieilles mai-

sons en pierre. Elle est très animée le matin par le marché qui s'y tient. Le soir elle devient une des nombreuses scènes en plein air du Festival d'été. La place est dominée par la grande statue en bronze de l'illustre poète ragusain Ivan Gundulić, érigée en 1892 par les Ragusains reconnaissants. La statue est l'oeuvre du grand sculpteur croate Ivan Rendić. Sur un socle élevé se dresse, dans toute sa magnificence, la statue en bronze du grand poète. Les quatres côtés du piédestal richement ornés portent des bas-reliefs représentant des scènes de la célèbre épopée "Osman" écrite par Gundulić. Le relief du côté ouest représente le vieux Ljubdrag méditant sur Dubrovnik, la scène du chant VIII de l'épopée; le relief sud représente le prêtre Blaise bénissant l'armée chrétienne, la scène du chant XI. Du côté est le relief représente la scène du chant XI où Sunčanica, le personnage principal, est emmenée au harem du sultan. Enfin, le relief du côté nord représente le roi Ladislas à cheval, vainqueur des Turcs.

Un des reliefs du monument Ivan Gundulić par Ivan Rendić

Le marché pittoresque de la place Gundulićeva poljana

Le grenier à blè - Rupe

Dans la partie la plus ancienne de Dubrovnik appelée Sainte-Marie, à l'ouest du complexe de l'église Saint-Ignace et du Collège Ragusain, se trouve le vieux grenier à blé - Rupe. A Dubrovnik on tenait particulièrement compte des réserves de blé dans le cas d'un siège éventuel ou d'une famine. Le ravitaillement en blé était aussi important que l'approvisionnement en munition. C'est pourquoi la ville possédait plusieurs greniers à blé dont le plus grand et le plus intéressant du point de vue architectural est celui de Rupe. Sa construction dura de 1542 à 1590. Au rez-de-chaussée sont creusés, dans le rocher, quinze grands puits secs ayant une capacité totale de 150 wagons de blé en grains. L'édifice à deux étages au-dessus du magasin servait d'entrepôt duquel, par un système de trous dans les planchers et sur les plafonds, le blé arrivait aux puits.

L'édifice est d'une architecture fort intéressante et c'est là que se trouve aujourd'hui le Musée ethnographique.

L'église Saint-Ignaceet le Collège Ragusain

Au sud de Gundulićeva poljana il y a un monumental escalier baroque par lequel on accède à Poljana Ruđera Boškovića. C'est là que se trouvent l'église des Jésuites Saint-Ignace et, adjacent à l'église, le célèbre Collège Ragusain. Cet harmonieux ensemble architectural est considéré comme le plus bel exemple de l'architecture baroque non seulement à Dubrovnik mais également dans toute la Dalmatie. L'évêque ragusain Beccadelli, mécontent de nombreux maîtres italiens avec lesquels les Ragusains entraient souvent en conflit, demanda en 1555 à l'ordre des jésuites, qui venaient de s'installer à Dubrovnik, d'y fonder un collège. Mais ce projet mit du temps à se réaliser. C'est grâce aux legs du jésuite ragusain Marino Gundulić, en 1647, qu'on put faire des projets de construction du collège. Le recteur jésuite Gianbattista Canauli élabora des plans en 1653 sur lesquels on devait réorganiser l'urbanisme de ce très vieux quartier de la ville en vue d'y construire l'église et le collège des jésuites. Ces plans prévoyaient la destruction de tout un complexe de vieilles maisons ragusaines. On avait commencé à les racheter lorsque le tremblement de terre de 1667 mit fin à tous ces projets. Les travaux ne reprirent qu'à la fin du siècle. On fit appel alors à Ignazio Pozzo, architecte et peintre de renom, qui commença à travailler sur ce projet en 1669 pour l'achever en 1703. La construction de l'église fut achevée en 1725 et consacrée en 1729. Sa façade monumentale aux corniches saillantes et au fronton brisé rappelle la conception architecturale de la cathédrale ragusaine. Et c'est pareil avec l'intérieur de l'église. Dans l'abside, Gaetano Garcia illustra par des fresques baroques, où il utilisa la technique du trompe-l'oeil, la vie d'Ignace Loyola, fondateur de l'ordre des jésuites. L'édifice du Collège Ragusain, s'appuyant sous l'angle droit sur la façade principale de l'église, est l'oeuvre des architectes Ranjina et Canali. Son aspect austère met en relief la façade baroque de l'église ainsi que le monumental escalier également baroque, qui descend vers la ville. Cet extraordinaire escalier est l'oeuvre de l'architecte romain Pietro Passalacqua. Construit en 1738 ce majestueux escalier s'intègre très bien à cet espace et rappelle un peu le fameux escalier à Rome qui mène de la Place d'Espagne à l'église Trinité des Monts.

La rue Prijeko et la petite église Saint-Nicolas

Toute une série de petites rues étroites et escarpées avec de marches partent de la Placa et montent vers les remparts nord de la ville. Ces petites rues parallèles et pittoresques sont traversées par la longue rue Prijeko, droite et parallèle à la Placa. Cette partie de la ville, plus modeste mais également attrayante, a conservé son aspect pittoresque original. La rue Prijeko est une rue droite et assez étroite limitée à l'ouest par le mur latéral du couvent des Franciscains et à l'est par la petite église Saint-Nicolas. Cette église fut construite au XIe siècle et elle est l'une des plus vieilles églises ragusaines conservées jusqu'à nos jours. C'était l'église des navigateurs ragusains. Elle fut reconstruite plusieurs fois au fil des siècles. La façade principale actuelle date du XVIe siècle.

Le couvent des Dominicains

Dans la partie est de la ville, aux abords des remparts, est situé le grand complexe architectural du couvent des Dominicains. Cet espace est un des ensembles architecturaux les plus importants de la ville. C'est également un des plus grands trésors du patrimoine culturel et artistique de la ville de

Dubrovnik. Le couvent même fut construit par l'ordre des dominicains dès 1225, alors que l'église et les autres bâtiments lui appartenant ne furent achevés qu'au XIVe siècle. L'endroit que les dominicains avaient choisi pour leur foyer était, du point de vue stratégique, un des lieux les plus sensibles de la défense de la ville de sorte que le complexe entier, à partir du XIVe siècle, fait partie des remparts, formant ainsi un ensemble unique. L'église représente un des espaces gothiques les plus vastes de la côte est de l'Adriatique. Simple dans sa conception architecturale, cette église a une vaste nef rectangulaire qui se termine en une abside gothique pentagonale. La nef est séparée de l'abside par trois hautes ouvertures aux arcs gothiques.

Le puits dans la cour du couvent des Dominicains

Les murs extérieurs de l'église, très élevés, sont sans aucuns ornements. Le portail sud de l'église présente des éléments de style roman, mais en 1419, Bonino de Milano le surmonta d'un arc aigu de style gothique. A l'intérieur de l'église on peut admirer le mobilier en pierre, la chaire, les pierres tombales et les niches Renaissance. Le complexe du couvent fut complètement achevé au XVe siècle, lorsqu'on y ajouta la sacristie, les portiques du cloître et la salle capitulaire. La construction des très beaux portiques du cloître s'étendit de 1456 à 1483. Ils furent construits sur les plans du maître Florentin Masso di Bartolomeo par les architectes locaux Utišenović, Grubačević,

Le cloître du couvent des Dominicains, XVe s.

Radmanović et d'autres moins connus. Les arcades du cloître, aux triforiums de style gothique-Renaissance, sont d'une grande beauté. Au milieu de la cour se trouve un puits surmonté d'une couronne en pierre richement ornée. La sacristie fut construite en 1485 par l'architecte ragusain Paskoje Miličević.

Le clocher fut commencé au XIVe siècle par l'architecte Checo da Monopoli pour n'être achevé qu'au XVIIIe siècle. Le complexe du couvent des Dominicains présente des caractéristiques de styles différents - depuis l'art roman jusqu'au baroque - mais ce sont les styles gothique et Renaissance qui prédominent dans cet harmonieux ensemble architectural. Le couvent

*Polyptyque représentant le baptême du Christ par
Lovro Dobričević au couvent des Dominicains, 1448*

abrite une importante bibliothèque qui contient plus de 200 incunables, de
nombreux manuscrits enluminés ainsi que les archives avec des documents
et des manuscrits d'une grande valeur. Dans la riche collection d'oeuvres d'art
les chefs-d'oeuvre de la peinture locale des XVe et XVIe siècles, dont les
maîtres principaux furent Lovro Dobričević, Mihajlo Hamzić et Nikola Božidarević, tiennent une place particulière. Le musée présente également une
remarquable collection d'oeuvres d'art étranger parmi lesquelles se distin-
guent le splendide crucifix peint au XIVe siècle par le renommé peintre Paolo Veneziano ainsi que le célèbre retable de l'autel représentant sainte
Marie-Madeleine peint en 1550 par Titien et son atelier.

Parmi les peintures plus récentes on distingue surtout le retable de l'autel représentant "Le miracle de saint Dominique" peint par Vlaho Bukovac
ainsi que quelques tableaux de Ivo Dulčić.

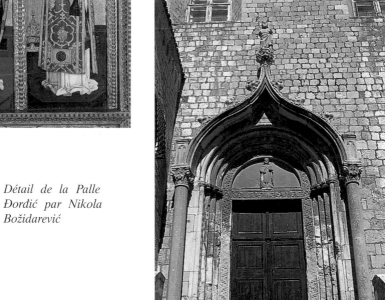

*Détail de la Palle
Đorđić par Nikola
Božidarević*

*Portail sud de l'église
des Dominicains*

La porte Ploče

L'entrée est de la ville est protégée de tout un ensemble de murs, de tours et de bastions. Comme le fort Revelin est situé en avant des remparts, l'entrée est de la ville a une porte extérieure et une porte intérieure. Celle-ci est plus petite, de style roman et elle est percée dans la muraille défensive de la ville; elle est protégée par la tour Asimon (la tour Ploče), construite au XIVe siècle. La porte extérieure est située à l'angle sud-est du fort Revelin. Cette porte fut construite vers la moitié du XVe siècle par Simeone della Cava. Elle fut agrandie au XIXe siècle. Le pont de pierre enjambant la douve date du XVe siècle.

La Galerie d'art

C'est un palais imposant en pierre, construit dans l'entre-deux-guerres à l'est de la porte Ploče, rappelant les villas ragusaines de style gothique et Renaissance, qui abrite la Galerie d'art, une des plus riches en son genre de

la côte croate. Cette galerie contient des collections importantes d'oeuvres d'art des XIXe et XXe siècles. Une place toute particulière est faite aux oeuvres des peintres ragusains depuis Vlaho Bukovac jusqu'à nos contemporains. La Galerie d'art organise de nombreuses manifestations dans le domaine des arts plastiques au niveau national et international et elle est, à ce titre, une des institutions les plus importantes en Croatie.

L'Arsenal

L'arsenal se trouvait dans la zone portuaire de la ville. Il était composé de quatre espaces séparés et couverts qui abritaient les galères servant à la défense de la ville. Dans ces espaces on construisait et entretenait des navires de guerre. Tous les navires de commerce étaient également dûment armés. Au cours des siècles l'arsenal fut souvent remanié, transformé et agrandi. Il faut rappeler ici encore une fois la prudence proverbiale des Ragusains. Lorsqu'on commençait la construction des nouvelles galères ou des réparations qui devaient durer un peu plus longtemps, on murait les ouvertures du côté port et, le bateau une fois construit ou réparé, on détruisait ces murs pour pouvoir le lancer. A l'emplacement de l'arsenal se trouve aujourd'hui "Le Café de la Ville" qui, par ses trois grands arcs semi-circulaires, s'ouvre vers le port.

Les Lazarets

Dans l'aire de Ploče, le long de la mer, se trouve le grand lazaret construit pour la mise en quarantaine des marins, voyageurs et commerçants étrangers en vue d'empêcher d'éventuelles contagions et épidémies. Au cours du XVe siècle, on construisit un autre grand lazaret dans l'aire de Danče, à l'ouest de la ville et, au XVIe siècle, on en construisit en également dans l'île de Lokrum. La construction du lazaret de Ploče débuta au XVIe siècle et les travaux durèrent jusqu'au XVIIIe siècle. Ce lazaret se trouve à un endroit pratique, au bord de la route qui allait alors vers Trebinje, en Herzégovine, et qu'empruntaient les caravanes venant de l'arrière-pays turc. L'édifice comprend plusieurs longues salles parallèles dans lesquelles on entrait par la cour. Les guérites se trouvaient du côté de la route. Le bâtiment du lazaret de Ploče est encore aujourd'hui très bien conservé.

L'île de Lokrum

A l'est de la ville, tout près de la côte, se trouve la petite île de Lokrum riche en verdure: à part une pinède très dense on y trouve également une végétation exubérante méditerranéenne et subtropique. C'est pour ses beautés naturelles extraordinaires que l'île a été classée parc national. Dans la partie sud-est de l'île, au milieu de cette végétation luxuriante, est située l'abbaye bénédictine du XIIe siècle qui fut supprimée pendant l'occupation française sous Napoléon. En 1859, l'archiduc habsbourgeois Maximilien, futur empereur du Mexique, acheta l'abbaye et la reconstruisit dans le style néo-gothique pour en faire sa résidence d'été. Il fit construire également une grande tour. Après la mort tragique de Maximilien, la résidence changea de propriétaire à plusieurs reprises. Au sommet le plus élevé de l'île, les Français construisirent au début du XXe siècle une citadelle - le Fort Royal - qui est devenue aujourd'hui un magnifique belvédère d'où l'on a une vue splendide sur Lokrum et en particulier sur Dubrovnik.

Pile, Gradac, Danče

Le quartier à l'ouest des remparts est nommé Pile, d'après la porte ouest de la ville - Pile. La zone immédiatement devant la porte, du nom Brsalja, est aujourd'hui un noeud du trafic ragusain très important et le quartier d'accueil des touristes. A l'ouest du fort Lovrijenac, toujours dans le quartier de Pile, est situé le plus vieux port ragusain, Kolorina. Après le quartier de Pile, c'est le grand parc Gradac d'où l'on a une vue magnifique sur la ville et le large. Au-dessous du mur sud de Gradac, dans l'aire appelée Danče, on avait construit au XVe siècle des lazarets en vue de protéger la ville de l'épidé-

*Triptyque représentant la vierge à l'enfant avec des saints par
Nikola Božidarević, l'église Sainte-Marie à Dančе, 1517.*

mie de peste et d'autres maladies contagieuses. Les normes ragusaines
concernant la qurarantaine étaient très sévères et l'isolement imposé à des
personnes contagieuses ou supposées contagieuses était très long. A côté des
lazarets fut construite la petite église Sainte-Marie qui existe toujours et abrite aujourd'hui quelques unes des plus belles oeuvres de l'école de peinture
ragusaine des XVe et XVIe siècles, telles qu'un polyptique de Lovro Dobričević et un triptyque de Nikola Božidarević.

Le golfe de Gruž

Dans le golfe de Gruž, profond et bien protégé, se trouvaient autrefois
les chantiers navals de la ville de Dubrovnik et récemment on y a construit
le nouveau port le long duquel il y a aujourd'hui de nouveaux quartiers.

Autrefois Gruž était l'endroit où les patriciens ragusains avaient construits de nombreuses villas dont quelques unes existent toujours. Au bord du golfe on construisit au cours du XVIe siècle trois grandes villas. La première, celle de Palatin Gundulić, fut construite en 1527 dans le style Renaissance et comprend une petite chapelle adjacente, un grand pavillon, un étang et des jardins. A proximité, Junije Bunić construisit sa villa en 1550. La façade de la villa aux fenêtres principales gothiques est une des dernières constructions de style gothique dans la région de Dubrovnik. La troisième villa, celle de Marin Bunić, fut construite en 1578 dans le style Renaissance. Ces trois villas ainsi que de nombreuses autres que les patriciens ragusains construisaient au fil des XVe et XVIe siècles à Lapad, à Gruž, en Rijeka Dubrovačka, en Župa Dubrovačka, sur le littoral ragusain et dans les îles de Koločep, Lopud et Šipan témoignent, par leurs proportions harmonieuses, par leur sobriété, par des détails architecturaux raffinés, par leurs jardins harmonieux, par leur végétation, leurs vergers, leurs étangs, d'un mode de vie d'une culture exceptionnelle à l'époque de l'apogée économique et politique de la République de Dubrovnik.

Lapad

A l'ouest du noyau historique de la ville de Dubrovnik s'étend la grande presqu'île boisée de Lapad, dont la cime la plus élevée s'appelle Petka. De nos jours Lapad est un faubourg de la ville avec de nombreux hôtels aux activités touristiques bien animées. Dans le passé il y avait ici beaucoup de villas Renaissance dont la plus fameuse est certainement celle de Petar Sorkočević, située au bord de la mer, en face de Gruž, au pied des collines boi-

La villa de Petar Sorkočević à Lapad, la première moitié du XVIe s.

sées. La construction de la villa fut commencée dans les années vingts du XVIe siècle dans les styles gothique et Renaissance. C'est un édifice à un étage, dont le rez-de-chaussée est de style Renaissance alors qu'au premier étage des fenêtres géminées et un triforium sont de style gothique. Tout le complexe de la villa est entouré d'un mur très haut. Le jardin d'une végétation exubérante s'étend sur deux terrasses. Dans le jardin il y a un vaste étang. Il existe également un jardin plus petit dans lequel se trouve une petite chapelle. La

Vue sur la presqu'île de Lapad

façade principale de la villa donne à l'étage sur une vaste terrasse au-dessous de laquelle il y a une citerne. De nos jours la villa Sorkočević abrite l'Institut des sciences historiques de l'Académie de science et d'art de Croatie.

A Lapad se trouvent l'église Saint-Michel et, adjacent à elle, l'ancien cimetière des patriciens ragusains ainsi que l'église votive de la Vierge de la Miséricorde. Celle-ci abrite une collection très intéressante de tableaux votifs représentant de vieux navires.

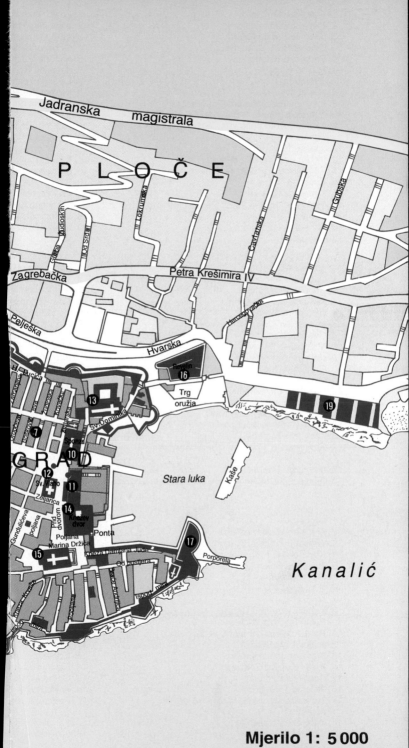

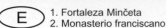

(E)
1. Fortaleza Minčeta
2. Monasterio franciscano
3. Gran fuente de Onofrio
4. Convento de Santa Clara
5. Fortaleza Bokar
6. Museo Rupe
7. Sinagoga
8. Mezquita
9. Iglesia y monasterio de los jesuitas
10. Palacio Sponza, Archivo del Estado
11. Ayuntamiento de la villa, Teatro "Marin Držić"
12. Iglesia de San Blas
13. Monasterio de los dominicanos
14. Palacio de los rectores, Museo
15. Catedral
16. Fortaleza Revelin
17. Fortaleza de San Juan, Museo marítimo, Acuario
18. Fortaleza Lovrijenac
19. Lazareto

(I)
1. La fortezza M
2. Il convento fra
3. La Fontana d'
4. Il convento di
5. La fortezza B
6. Il museo Rupe
7. La sinagoga
8. La moschea
9. La chiesa dei
10. Il Palazzo Sp
11. Il Municipio, Il
12. La chiesa di S
13. Il monastero
14. Il palazzo del
15. La cattedrale
16. La fortezza R
17. La fortezza Sa marittimo, L'A
18. La fortezza L
19. Il Lazzaretto

(RUS)
1. Крепость Минчета
2. Францисканский монастырь
3. Большой онофриевский фонтан
4. Монастырь Св. Клары
5. Цитадель Бокар
6. Музей Рупе
7. Синагога
8. Мечеть
9. Иезуитская церковь и монастырь
10. Палаццо Спонза, Архив
11. Мэрия, театр им. Марина Држича
12. Церковь Св. Влахо
13. Монастырь доминиканцев
14. Княжеский дворец, Музей
15. Кафедральный собор
16. Крепость Ревелин
17. Бастион Св. Иоанна, Морской музей, Аквариум
18. Крепость Ловрьенац
19. Лазарет, бывший городской карантин

(F)
1. Forteresse Mi
2. Monastère fra
3. Grande fontain
4. Couvent des c
5. Forteresse de
6. Musée de Rup
7. Synagogue
8. Mosquée
9. Église jésuite
10. Palais Sponza
11. Conseil munic
12. Église Saint-E
13. Monastère do
14. Palais du Rec
15. Cathédrale
16. Forteresse de
17. Forteresse Sa aquarium
18. Forteresse L
19. Lazaret, ancie la ville

(PL)
1. Minčeta
2. Klasztor franciszkański
3. Wielka Fontanna Onufrego
4. Klasztor św. Klary
5. Twierdza Bokar
6. Muzeum Rupe
7. Synagoga
8. Meczet
9. Kościół jezuicki i klasztor
10. Pałac Sponza, Archiwum
11. Ratusz Miejski, teatr Marina Držicia
12. Kościół św. Błażeja
13. Klasztor dominikański
14. Pałac Książąt, Muzeum
15. Kościół katedralny
16. Twierdza Revelin
17. Twierdza św. Jana, Muzeum Morskie, Akwarium
18. Twierdza Lovrijenac
19. Lazarety

(P)
1. Fortaleza de
2. Convento Fra
3. Chafariz Maio
4. Convento de
5. Fortaleza de
6. Museu de Rup
7. Sinagoga
8. Mesquita
9. Igreja e Conve
10. Palácio de Sp
11. Câmara Munic
12. Igreja de São
13. Convento Dom
14. Palácio do Prí
15. Catedral
16. Fortaleza de R
17. Fortaleza de Sa Aquário
18. Fortaleza de L
19. Lazaretos

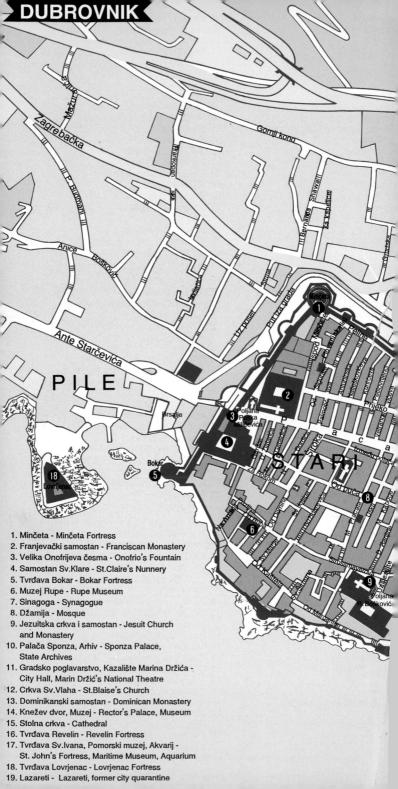

DUBROVNIK

PILE

STARI

1. Minčeta - Minčeta Fortress
2. Franjevački samostan - Franciscan Monastery
3. Velika Onofrijeva česma - Onofrio's Fountain
4. Samostan Sv.Klare - St.Claire's Nunnery
5. Tvrđava Bokar - Bokar Fortress
6. Muzej Rupe - Rupe Museum
7. Sinagoga - Synagogue
8. Džamija - Mosque
9. Jezuitska crkva i samostan - Jesuit Church and Monastery
10. Palača Sponza, Arhiv - Sponza Palace, State Archives
11. Gradsko poglavarstvo, Kazalište Marina Držića - City Hall, Marin Držić's National Theatre
12. Crkva Sv.Vlaha - St.Blaise's Church
13. Dominikanski samostan - Dominican Monastery
14. Knežev dvor, Muzej - Rector's Palace, Museum
15. Stolna crkva - Cathedral
16. Tvrđava Revelin - Revelin Fortress
17. Tvrđava Sv.Ivana, Pomorski muzej, Akvarij - St. John's Fortress, Maritime Museum, Aquarium
18. Tvrđava Lovrjenac - Lovrjenac Fortress
19. Lazareti - Lazareti, former city quarantine

Table des matières